PETITE ENCYCLOPÉDIE JURIDIQUE
XXIII

CODE
DES
CHEMINS DE FER
D'INTÉRÊT LOCAL

PAR

AUGUSTE GISCLARD
Avocat à Périgueux
Ancien Conseiller de Préfecture et ancien Maire

PARIS
A. DURAND ET PEDONE-LAURIEL, ÉDITEURS
Libraires de la Cour d'Appel et de l'Ordre des Avocats
G. PEDONE-LAURIEL, Successeur
13, RUE SOUFFLOT, 13

1882

CODE

DES CHEMINS DE FER

D'INTÉRÊT LOCAL

PETITE ENCYCLOPÉDIE JURIDIQUE

I. **Code des Théâtres**, contenant un exposé des principes juridiques, le texte des principaux décrets, circulaires et réglements, par Ch. CONSTANT, avocat à la cour de Paris, 2e édition, 1882. 1 vol. in-12. 3 fr. 50

II et III. **Code de la chasse et de la louveterie**, par P. LEBLOND, avocat à Rouen. 1878, 2 vol. in-12. 6 fr. »

IV et V. **Code municipal ou manuel des conseillers municipaux**, par Ambroise RENDU, avocat à la Cour de Paris, 1879, 2 vol. in-12. 6 fr. »

VI. **Code de l'officier de l'état civil** ou les actes de l'État civil considérés dans leurs motifs, leur caractère et leur forme, avec tables et formules, par A. ADDENET, ex-procureur. 1879, 1 vol. in-12. 3 fr. 50

VII. **Code des propriétaires de bois et forêts**, locataires de chasses; de leur responsabilité par suite des dégâts causés par le gros et le petit gibier; par M. FRÉMY, juge-suppléant à Senlis, 1879, 1 vol. in-12. 2 fr. »

VIII. XI. XII. **Codes de la propriété industrielle.** Manuels pratiques des législ. franç. et étrang. à l'usage des inventeurs et des fabricants, par Ambroise RENDU.

- I. — Brevets d'invention. 1879, 1. vol. in-12. 3 fr. 50
- II. — Contrefaçon des inventions brevetées, 1880, 1 vol. in-12. 3 fr. 50
- III. — Marques de fabrique. 1880, 1 vol. in-12. 3 fr. 50

IX et X. **Code départemental ou manuel des Conseillers généraux et d'arrondissement** par Ch. CONSTANT, avocat à la Cour de Paris. 1880, 2 v. in-12. 7 fr. »

XIII et XIV **Code des Réglements d'Ordres**, soit amiables, soit judiciaires, et des collocations des créanciers, par A. Ulry, Juge à Guéret. 1881, 2 vol. in-12. 7 fr. »

XV. **Codes des réunions publiques, électorales et privées**, par Ch. CONSTANT, avocat à la cour de Paris 1881. 1 vol. in-12. 2 fr. »

XVI. **Code des établissements industriels, dangereux, insalubres et incommodes**, par Ch. CONSTANT, avocat à la Cour de Paris, 1881. 1. vol. in-12 3 fr. 50

XVII. **Code des juges de Paix**, considérés, comme officiers de police judiciaire, par M. A. SCOHYERS; juge de paix du canton de Courville, 1881. 1 vol. in-12. 2 fr. »

XVIII. XIX. **Code rural**, régime du sol, police rurale, régime des eaux, etc.; par P. DE CROOS, avocat à Béthune, 1882, 2 vol. in-12. 7 fr. »

XX. **Code électoral.** De la formation et de la révision annuelle des listes électorales, etc.; par E. GREFFIER, conseiller à la Cour de cassation, 1882, 1 vol. in-12. 3 fr. 50

XXI. XXII. **Code des chemins vicinaux et des routes départementales**, par A. Gisclard, avocat à Périgueux, 1882, 2 vol. in-12. 7 fr. »

XXIV. **Code de la presse**, par BAZILLE, avocat à la Cour de cassation, et CH. CONSTANT, avocat à la Cour de Paris. 1882, 1 vol. in-12. 4 fr. »

Imp. DESTENAY, St-Amand.

CODE

DES CHEMINS DE FER

D'INTÉRÊT LOCAL

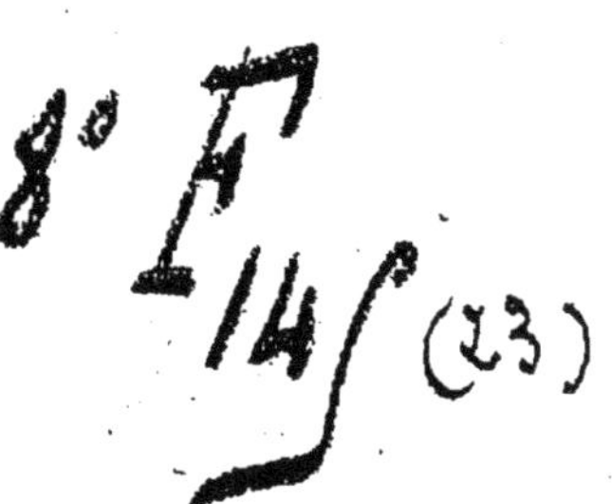

PETITE ENCYCLOPÉDIE JURIDIQUE

I. **Code des Théâtres**, contenant un exposé des principes juridiques, le texte des principaux décrets, circulaires et réglements, par Ch. CONSTANT, avocat à la cour de Paris, 2e édition, 1882. 1 vol. in-12. 3 fr. 50

II et III. **Code de la chasse et de la louveterie**, par P. LEBLOND, avocat à Rouen. 1878, 2 vol. in-12. 6 fr. »

IV et V. **Code municipal ou manuel des conseillers municipaux**, par Ambroise RENDU, avocat à la Cour de Paris, 1879, 2 vol. in-12. 6 fr. »

VI. **Code de l'officier de l'état civil** ou les actes de l'État civil considérés dans leurs motifs, leur caractère et leur forme, avec tables et formules, par A. ADDENET, ex-procureur. 1879, 1 vol. in-12. 3 fr. 50

VII. **Code des propriétaires de bois et forêts**, locataires de chasses; de leur responsabilité par suite des dégâts causés par le gros et le petit gibier; par M. FRÉMY, juge-suppléant à Senlis, 1879, 1 vol. in-12. 2 fr. »

VIII. XI. XII. **Codes de la propriété industrielle.** Manuels pratiques des législ. franç. et étrang. à l'usage des inventeurs et des fabricants, par Ambroise RENDU.

- I. — Brevets d'invention. 1879, 1. vol. in-12. 3 fr. 50
- II. — Contrefaçon des inventions brevetées, 1880, 1 vol. in-12. 3 fr. 50
- III. — Marques de fabrique. 1880, 1 vol. in-12. 3 fr. 50

IX et X. **Code départemental ou manuel des Conseillers généraux et d'arrondissement** par Ch. CONSTANT, avocat à la Cour de Paris. 1880, 2 v. in-12. 7 fr. »

XIII et XIV **Code des Réglements d'Ordres**, soit amiables, soit judiciaires, et des collocations des créanciers, par A. Ulry, Juge à Guéret. 1881, 2 vol. in-12. 7 fr. »

XV. **Codes des réunions publiques, électorales et privées**, par Ch. CONSTANT, avocat à la cour de Paris 1881. 1 vol. in-12. 2 fr. »

XVI. **Code des établissements industriels, dangereux, insalubres et incommodes**, par Ch. CONSTANT, avocat à la Cour de Paris, 1881. 1. vol. in-12 3 fr. 50

XVII. **Code des juges de Paix**, considérés, comme officiers de police judiciaire, par M. A. SCOHYERS; juge de paix du canton de Courville, 1881. 1 vol. in-12. 2 fr. »

XVIII. XIX. **Code rural**, régime du sol, police rurale, régime des eaux, etc.; par P. DE CROOS, avocat à Béthune, 1882, 2 vol. in-12. 7 fr. »

XX. **Code électoral.** De la formation et de la révision annuelle des listes électorales, etc.; par E. GREFFIER, conseiller à la Cour de cassation, 1882, 1 vol. in-12. 3 fr. 50

XXI. XXII. **Code des chemins vicinaux et des routes départementales**, par A. Gisclard, avocat à Périgueux, 1882, 2 vol. in-12. 7 fr. »

XXIV. **Code de la presse**, par BAZILLE, avocat à la Cour de cassation, et CH. CONSTANT, avocat à la Cour de Paris. 1882, 1 vol. in-12. 4 fr. »

Imp. DESTENAY, St-Amand.

CODE

DES

CHEMINS DE FER

D'INTÉRÊT LOCAL

PAR

AUGUSTE GISCLARD

Avocat à Périgueux

Ancien Conseiller de Préfecture et ancien Maire

PARIS

A. DURAND ET PEDONE-LAURIEL, ÉDITEURS

Libraires de la Cour d'Appel et de l'Ordre des Avocats

G. PEDONE-LAURIEL, Successeur

13, RUE SOUFFLOT, 13

1882

LE
CODE DES CHEMINS DE FER
D'INTÉRÊT LOCAL

Titre I. — Notions générales sur les chemins de fer.

1. — *Historique des chemins de fer.* Les voies ferrées eurent à lutter, dès leurs premiers pas dans notre pays, contre une véritable coalition de préjugés et d'intérêt qui se croyaient menacés. Leurs débuts furent difficiles. Le corps des ponts et chaussées répugnait à prendre la responsabilité de cette innovation hardie, la finance lui refusait son concours. L'initiative de ce grand mouvement dut être prise par un petit groupe d'hommes courageux qui voulaient faire bénéficier leur pays d'un progrès dont ils avaient déjà constaté l'importance en Angleterre.

Vers la fin de 1838, l'ensemble des concessions accordées ne dépassait pas encore 1028 kilomètres ; et la confiance ayant encore fait défaut, l'état fut obligé, l'année suivante, de résilier les concessions de Lille à Dunkerque, de Paris au Havre et de Juvisy à Orléans. La longueur du réseau se trouva réduite à 574 kilomètres. Afin d'épargner le même sort à d'autres lignes, le gouvernement dut prêter 20 millions aux compagnies de Strasbourg à Bâle et de Paris à Rouen et donner une garantie d'intérêts à la compagnie de Paris à Orléans. Tel fut le premier concours apporté par l'État à l'industrie des chemins de fer.

2. — *Loi du 11 juin 1842.* Le 11 juin 1842, une loi déclarait d'utilité publique les chemins de fer se dirigeant : 1° de Paris sur la frontière de Belgique, sur l'Angleterre, sur la Méditerranée, sur la frontière d'Espagne, sur l'Océan et sur le centre de la France ; 2° de la Méditerranée sur le Rhin, par Lyon, Dijon et Mulhouse ; de l'Océan à la Méditerranée, par Bordeaux, Toulouse et Marseille.

La loi de 1842 stipulait que l'exécution des grandes lignes ci-dessus désignées aurait lieu par le concours de l'État, des départements traversés et des communes intéressées, enfin de l'industrie privée, dans des proportions déterminées par la loi même, mais que, néanmoins, ces lignes pourraient être concédées en totalité ou en partie à l'industrie, en vertu de lois spéciales, qui en détermineraient les conditions.

(Une loi du 16 juillet 1845 abrogea la partie de la loi de 1842 qui mettait à la charge des départements et des communes les deux tiers de l'achat des terrains.)

En suivant l'analyse de cette loi, qui est restée pendant longtemps la charte de nos chemins de fer, nous voyons que l'industrie privée devait fournir, pour sa part, les voies de fer y compris le ballast, le matériel et les frais d'exploitation, les frais d'entretien et de réparation du chemin, de ses dépendances et de son matériel.

A l'expiration de la concession, la valeur de la voie de fer et du matériel doit être remboursée, à dire d'experts, à la Compagnie par celle qui lui succédera ou par l'État.

Enfin la loi du 11 juin 1842 affectait à la construction des lignes cardinales la somme de 126 millions.

La période de 1842 à 1846 fut consacrée à la réalisation de ce programme. Plusieurs Compagnies se constituèrent, qui comptent aujourd'hui, dans leurs réseaux, les grandes artères prescrites par la loi, en sorte qu'à la fin de l'année 1846, la longueur totale des lignes concédées s'élevait à 4,952 kilomètres.

De 1842 à 1846, le temps fus mis à profit pour la construction des artères principales et la formation des réseaux. L'État, accomplissant la tâche qui lui incombait en vertu de la loi du 11 juin 1842, entreprit et poussa activement l'exécution des travaux d'infrastructure. D'autre part, des Compagnie nombreuses se formèrent pour soumissionner la concession des lignes magistrales. Mais l'industrie avait trop présumé de ses forces, et dès l'année 1847, il fallut résilier les concessions de Lyon à Avignon, de Bordeaux à Cette, de Fampoux à Hazebrouck.

Survint la Révolution de 1848, qui surprit les Compagnies encore jeunes et sans racines profondes. De graves difficultés surgirent alors, la confiance publique s'ébranla, les Sociétés furent sur le point de succomber; plusieurs durent être placées sous séquestre ; celles d'Orléans, du Centre, d'Avignon à Marseille, de Sceaux, et de Bordeaux à la Teste se trouvèrent dans ce cas. Quant à la Compagnie de Paris à Lyon, elle dut mettre l'Etat en possession de sa ligne.

Quand on est témoin de la prospérité actuelle des grande Compagnies de chemins de fer, on a peine à s'expliquer qu'elles aient eu tant de peine à s'élever.

Par suite de la crise, il ne fut pas donné de nouvelles concessions pendant trois ans, et le réseau concédé se trouva réduit à 3,539 kilomètres.

C'est à partir de 1852, que s'est réveillé l'esprit d'association pour entreprendre sur une large échelle l'établissement des chemins de fer en France. — L'État reçut des offres nombreuses et, dans la période de 1852 à 1855, il accorda des concessions embrassant 8,000 kilomètres. L'ère de l'ordre intérieur étant devenue celle de la reprise et l'élan des grandes industries, les nouvelles concessions portèrent à 11,633 kilomètres l'étendue du réseau national.

Nous entrons dans la période des fusions. Destinées à grouper les lignes de manière à former de grands réseau, d'après les lois géographiques et la constitution naturelle des bassins, les fusions faisaient disparaître l'exubérance des associations qui s'étaient multipliées à l'excès pour soumissionner les concessions. Elles réalisaient des économies considérables sur les frais généraux, et elles consolidaient le crédit des Compagnies appelées à se maintenir par la suite.

On ne saurait méconnaître que la concentration des lignes en grands réseaux a été une des combinaisons les plus efficaces pour asseoir les Compagnies sur des bases puissantes et fonder leur prospérité.

L'État, qui avait eu à souffrir de la mauvaise situation économique des Sociétés, se prêta, sans opposition, au système des fusions, et il en profita même pour imposer aux Compagnies un certain nombre de kilomètres qui n'auraient pas trouvé de concessionnaires.

3. — *Système de la garantie d'intérêts.* En 1857, M. de Franqueville, directeur général des chemins de fer passait, avec les Compagnies, des conventions pour l'exécution de 2,621 kilomètres, lesquels furent approuvées par les pouvoirs publics.

On voit que les grandes Compagnies ne ménageaient pas leurs forces ; mais elles allaient traverser une nouvelle épreuve. Une crise commerciale et financière, très-intense, s'étendit sur tout le pays ; la masse des transports diminua considérablement ; l'argent devint très-rare et très-cher, et, par suite, l'émission des obligations fut entravée. Les travaux allaient être suspendus partout.

Les Compagnies avaient dépensé leur capital-actions, qui se trouvait représenté par des travaux et par leur matériel. Elles pouvaient être mises en liquidation, ce qui eût arrêté toutes les transactions en cours, fait perdre à leurs actionnaires le capital confié par eux à l'industrie des chemins de fer et compromis à jamais le développement de ses voies précieuses.

Le gouvernement mesura la gravité du péril et résolut d'y parer tout à la fois dans le présent et dans l'avenir ; car les crises financières et commerciales, ne pouvant toujours être conjurées, il importait que les chemins de fer ne fussent pas périodiquement mis à deux doigts de la ruine.

Ce fut à la garantie d'intérêt que le gouvernement s'arrêta, comme au moyen pratique répondant le mieux aux exigences de la situation, sans compromettre les ressources du Trésor.

Il fallait exécuter les lignes dites du second réseau, qui devaient n'arriver à être productives qu'après un certain nombre d'années, c'est-à-dire lorsque les éléments du trafic auraient acquis une importance proportionnée à celle de l'instrument des transports.

Laisser ces lignes à la charge des anciennes Compagnies, sans aucune compensation, c'était courir au-devant de deux éventualités également condamnées par la probité publique et par la prévoyance du législateur. Les Compagnies auraient renoncé à les exécuter, se renfermant dans le programme de leurs concessions primitives, ou bien elles les auraient construites, par patriotisme, et elles se seraient ruinées.

Dans l'un et l'autre cas, l'industrie des chemins de fer était compromise, perdue peut-être, pour un temps, en France.

Les pouvoirs publics et les Compagnies ont fait alors une de ces transactions qui restent, dans l'histoire des nations, comme un trait de génie et comme un exemple fécond, pour la postérité, de ce que peut réaliser la conciliation des intérêts privés avec ceux de l'État.

Les anciennes Compagnies ont surmonté la crise qui menaçait leur existence, en abandonnant toutes les augmentations de revenus que leur assurait le développement du trafic sur leurs artères principales, au profit des capitaux consacrés à la création des lignes secondaires.

L'État, de son côté, a voulu que ces lignes du deuxième réseau fussent établies et exploitées par les Compagnies déjà concessionnaires des anciens tracés, afin de sauvegarder l'intérêt du Trésor ; mais il a rassuré les Compagnies pendant la durée présumée des insuffisances de revenus, en leur garantissant un minimum d'intérêt de 4,50 0/0 et 15 centimes d'amortissement, soit 4.65 pour les capitaux qu'elles allaient engager. La différence entre le loyer réel des capitaux et le montant de la garantie est prélevée sur les excédents de revenus des anciennes lignes, avant le développement du surplus au compte d'exploitation des seconds réseaux.

C'est donc un contrat d'assurance réciproque qui a été passé et dont les heureux effets sont aujourd'hui connus.

Le sacrifice que l'État s'est imposé n'est que transitoire : car il consiste en avances productives d'intérêt et ayant pour gage tout l'actif mobilier des Compagnies. Quelques-unes, le Lyon et le Nord n'y ont jamais recouru. D'autres, comme l'Orléans et le midi, sont parvenues au point où les remboursements qu'elles font au Trésor annuellement acquièrent une telle importance, qu'il est permis de prévoir le terme de leur libération, si le régime des tarifs n'est pas modifié. D'autres enfin, l'Est et l'Ouest, attendent encore du développement des recettes le moyen de s'acquitter des avances qui leur ont été faites.

Tout ce que les Compagnies ont déversé sur les produits nets de leurs anciens réseaux est un bénéfice pour l'État, qui ne l'eût point reçu de Compagnies spéciales, si on avait chargé telles entreprises de l'exécution des seconds réseaux, ou si l'État les avait exécutés lui-même, comme il procède maintenant pour les lignes du troisième réseau.

La garantie que les compagnies ont acceptée de l'Etat les empêche d'augmenter leurs dividendes annuels proportionnellement aux recettes jusqu'au jour de leur libération.

4. — *Création des lignes secondaires.* Après avoir assuré l'établissement et l'existence des voies magistrales et des grandes lignes transversales, le législateur dut se préoccuper de pourvoir aux besoins moins généraux, mais également impérieux des régions intercalées entre les artères principales et non desservies par elles.

Ce fut l'objet de la création des lignes secondaires, dont le développement est de 3584 kilomètres, réparties entre diverses compagnies, dont plusieurs ont disparu à la suite des manœuvres de M. Philippart qui les avait accaparées sans disposer des ressources nécessaires, et qui gaspilla, en jeux de bourse, les capitaux empruntés sous la forme d'obligations.

L'État a sauvé la situation, mais cette fois, cédant à une nouvelle doctrine, et ne voulant plus élargir le domaine industriel des grandes compagnies, il a racheté les concessions compromises par l'avortement des combinaisons de M. Philippart, et il en a formé un réseau qu'il exploite directement et qui, en raison de ce fait, est connu sous la dénomination de réseau de l'État.

5. — *Chemin de fer d'intérêt départemental.* A côté de ce réseau d'intérêt public se place la loi du 22 juillet 1865 sur les chemins de fer départementaux. Le tort de cette loi a été d'être édictée avant l'époque où elle pouvait devenir utile. Il fallait avant d'entreprendre les chemins d'intérêt local, terminer le réseau d'intérêt général, et ne pas disséminer les ressources financières du pays dans des entreprises dont l'utilité n'était pas réelle, et qui sont devenus des moyens électoraux onéreux pour les départements qui s'y sont aventurés dans de certaines proportions.

Les chemins d'intérêt local viendront en leur temps, et ils rendront de sérieux services si on les établit dans des conditions de rigoureuse économie, en utilisant les routes déjà construites, et en proportionnant l'outil à l'importance limitée du travail qu'il est destiné à accomplir. C'est de la législation de ces lignes d'intérêt départemental qui intéresse spécialement les départements et les communes que nous allons nous occuper dans ce chapitre.

On voit d'après l'exposé qui précède que toutes nos grandes voies ferrées sont exploitées par des compagnies concessionnaires et qu'au contraire, le réseau des voies secondaires, institué par la loi du 18 mai 1878, est directement exploité par l'état.

6. — *Situation juridique des compagnies concessionnaires.* Le premier point à fixer, c'est que l'état seul est propriétaire des chemins de fer, et que seul il a des droits immobiliers sur eux.

Deuxièmement : les compagnies n'ont qu'une faculté d'exploitation, à l'aide d'un matériel qu'elles fourniront elles-mêmes, qu'elles entretiendront et qu'on leur rachètera, au terme de la concession.

Troisièmement, pour la rénumération de leurs capitaux et de leur gestion, les compagnies n'ont d'autres ressources que l'application de tarifs déterminés par un contrat public intervenu entre elles et l'État. Elles peuvent bien diminuer ces tarifs, après enquête et autorisation ministérielle ; mais elles ne peuvent, dans aucun cas, les relever au delà du maximum fixé par le cahier des charges.

Les compagnies, en un mot, n'ont que des droits mobiliers qui se résument dans la perception du prix des services qu'elles rendent, d'après des tarifs convenus d'avance, constituant leur sauvegarde. On comprend dès lors, que les compagnies résistent de toutes leurs forces à la prétention élevée quelquefois dans le public de mettre leurs tarifs à la discrétion du gouvernement.

7. — *Du rachat des chemins de fer et de l'exploitation des lignes par l'état.* Sans aborder dans tous ses détails l'examen de cette question considérable qui s'est posée depuis quelques années devant l'opinion publique et devant le parlement, nous n'avons pas cru pouvoir la passer absolument sous silence.

On a dit contre le système de l'exploitation des lignes ferrées par les grandes compagnies qu'il avait pour inconvénients de concentrer aux mains des compagnies un monopole financier et politique contraire aux intérêts de l'État ; que ces compagnies, en effet, disposent de ressources considérables confiées aux mains d'une sorte d'aristocratie financière et emploient un personnel nombreux vivant sous la dépendance des conseils d'administration et qu'ainsi ces compagnies sont des corporations trop puissantes dans l'intérieur d'un gouvernement.

On ajoute que ces compagnies nuisent aux intérêts publics parce que dans l'organisation de leurs services et le calcul de leurs tarifs, elles ont en vue leurs bénéfices et leurs profits plutôt que le bien-être du public, et l'adoucissement des frais de circulation aux meilleures conditions possibles. Le rachat par l'Etat, dit-on, amènerait : l'unification des réseaux de manière que marchandises et voyageurs puissent aller d'un point à l'autre par la ligne la plus courte, sans se préoccuper de savoir quelle entreprise opère le transport ; la tarification équitable et contrôlée par l'État, donnant le meilleur marché possible ; la vitesse et le confort que comportent ces voies nouvelles.

Les adversaires du rachat répondent de leur côté :

Les grandes compagnies sont dirigées par des hommes éminents ; leur personnel est habile, dévoué, expérimenté ; il a tout intérêt à bien faire. Dans ces conditions, il y a quelque témérité à affirmer que l'État ferait beaucoup mieux et qu'il réduirait les frais d'exploitation.

En réalité, les conditions actuelles de transport ne peuvent guère se modifier avant 70 ans d'ici, à ce moment les concessions de chemins de fer auront pris fin. Le capital sera amorti, et le trafic, allégé de ce lourd poids, pourra probablement s'établir au prix moyen de trois centimes, c'est-à-dire, à la moitié environ du cours actuel.

« Les chemins de fer rachetés par l'État seront-ils » mieux exploités qu'ils ne le sont aujourd'hui, autre- » ment dit plus économiquement ? Le débours, au lieu » d'être en moyenne de 2 c. 97 par tonne, sera-t-il ré- » duit à un centime par exemple ? Cela paraît d'autant » moins probable que la gestion de l'État ne nous a, » dans aucun pays, habitués à de pareils tours de force. » Partout et toujours elle a été plus chère que celle de » l'industrie privée. Il y a de grosses raisons pour qu'il » en soit ainsi, et jusqu'à preuve contraire on peut ad- » mettre que l'Etat français ne faillirait pas à ces tradi- » tions bien établies. A ce sujet, l'illusion ne semble pas » permise.

» Si on ne fait pas des économies sur le transport lui- » même, pourra-t-on au moins réduire notablement la » rémunération des capitaux engagés ? c'est un point à » examiner.

» Le capital dont il s'agit est constitué, pour la plus » grande partie, par des emprunts dont l'intérêt et » l'amortissement ont exigé en 1878 la somme énorme » de 335, 165, 396 fr. 79. La partie de cette somme affé» rente à la petite vitesse est, comme il a été dit précédem» ment, de 1 cent. 95 par tonne kilométrique. Mais en » se substituant aux compagnies, l'État ne saurait répu» dier leurs emprunts, ni les conditions dans lesquels » ils ont été contractés. Il devient donc à son tour débi» teur des obligataires, il doit leur payer aux mêmes » époques les arrérages échus, pourvoir aussi à l'amor» tissement des titres. Bref, rien n'est changé, si ce n'est » la caisse où les paiements se font, et la dette reste en » son entier. Aucun espoir ne saurait donc être conservé » de ce côté.

» Reste le capital actions, d'ailleurs moins important » que l'autre, et au sujet duquel on a pendant long» temps conservé quelques illusions. On espérait que, » par des procédés financiers plus ou moins corrects, on » parviendrait à l'amoindrir. Mettons les choses au pis et supposons, un instant, que l'état ne recule pas de» vant une spoliation. Il en résulterait que chaque » tonne kilométrique serait allégée de 34 pour les inté» rêts et 0,56 centim. pour les dividendes, soit en tout » 0,90 %. D'où suit que chaque tonne kilométrique se» rait dégrevée de moins de un centime. Pauvre résultat » pour une spoliation ! »

Mais évidemment le gouvernement français ne voudrait pas spolier les actionnaires et il rachèterait les actions selon les conditions des concessions. Or M. Leroy-Baulieu a parfaitement démontré que le capital action au lieu d'être amoindri par ce rachat sera augmenté dans la mesure de deux ou trois milliards de sorte que le rachat aggravera les charges d'exploitation et fera payer environ deux centimes de plus par tonne kilométrique.

Quant aux questions de tarif de transport, il y a :

1° L'égalité de traitement ;

2° L'égalité kilométrique ;

3° L'égalité du prix.

Sur la première, pas de contestation possible. L'égalité de traitement est appliquée à la lettre sur les réseaux français.

La seconde, consistant à faire payer un prix uniforme d'après le parcours réellement effectué, est l'égalité géographique.

Enfin, la troisième, ayant pour règle de faire payer un prix égal pour un même marché, représente l'égalité commerciale.

» Si les voies ferrées avaient été construites pour se renfermer dans les limites de l'égalité géographique, les premiers législateurs auraient dû commencer par interdire aux concessionnaires de franchir les fleuves et de percer les montagnes, car ils portaient ainsi atteinte à cette égalité en racourcissant les distances. La logique obligeait, dans ce cas, de suivre les routes déjà tracées, afin de ne pas bouleverser les courants commerciaux et les situations créées par la topographie. En se plaçant à ce point de vue, on ne saurait également trop déplorer le percement de l'isthme de Suez, et condamner trop énergiquement les travaux qu'inspire avec tant d'énergie M. de Lesseps, pour le percement de l'isthme de Panama. Evidemment, M. de Lesseps ne comprend pas les exigences de l'égalité géographique, car toutes ses conceptions ont pour résultat de bouleverser des situations maritimes et commerciales, dans le Nouveau comme dans l'Ancien monde.

» La conséquence absolue et directe du respect de l'égalité géographique que l'on voudrait nous imposer, c'est l'interdiction pure et simple des transports par voie ferrée. Car tout chemin de fer déplace les intérêts et modifie plus ou moins la situation économique des régions qu'il traverse.

» Une seule égalité nous paraît à la fois rationnelle et vraiment profitable au plus grand nombre, c'est l'égalité commerciale. Il faut donc s'en tenir au principe de l'égalité de prix, c'est-à-dire aux prix fermes de gare à gare, qui, faisant abstraction de la distance réellement parcourue, amènent *ex-œquo*, au grand avantage du consommateur, les produits similaires sur les mêmes marchés.

» L'application de ce principe amène, il est vrai, de vives protestations ; mais de qui émanent-elles ? De certains producteurs qui, maîtres depuis longues années des débouchés voisins, ne peuvent voir, sans se plaindre, des produits similaires, souvent supérieurs aux leurs, venir de distances considérables, grâce aux prix de gare à gare, leur disputer la préférence du consommateur. Leurs lamentations n'ont donc d'autre cause que le préjudice, plus ou moins grand, porté à leurs intérêts privés.

» Mais, si respectables qu'ils soient, ces intérêts ne sauraient être mis en balance avec ceux du public, qui profite de la concurrence amenée par l'égalité commerciale.

» Or, les chemins de fer ont été construits dans l'intérêt général et non pour sauvegarder les intérêts particuliers de quelques producteurs.

» Voilà pourquoi nous préférons le régime commercial qui fait que Paris reçoit, presque à prix égaux, de toutes les contrées de la France, les marchandises indispensables à sa consommation, alors qu'avec le tarif kilométrique il ne pourrait se fournir au-delà d'un rayon de 4 à 500 kilom.

» Mais admettons un instant que des intérêts soient effectivement lésés, que des Compagnies aient accordé, comme on les en accuse sans preuves à l'appui, des faveurs à quelques régions ou à quelques commerçants. Rien n'est plus simple que d'obtenir le redressement de ces erreurs : que l'on nomme une commission composée d'hommes compétents, choisis dans le Parlement, parmi les fonctionnaires de l'Etat et les représentants les plus autorisés du commerce et de l'industrie ; que l'on charge cette commission spéciale, dans laquelle seraient admis les délégués des Compagnies, d'ouvrir une vaste enquête où seront exposés et débattus tous les griefs, et de réviser les tarifs, qui ne répondraient pas à une nécessité commerciale suffisamment démontrée.

» Cette marche n'est-elle pas plus simple et plus prudente que le rachat de toutes les concessions ? Et n'est-ce pas le moyen le plus rapide d'en finir avec cette question des tarifs qui menace de s'éterniser, à moins que, comme un coup de foudre, un vote de nos législateurs ne livre la France commerciale à l'exploitation désastreuse des chemins de fer par l'État ou, ce qui ne vaudrait pas mieux à la rapacité d'une trentaine de compagnies fermières.

M. Léon Say a traité la question du rachat des chemins de fer au point de vue financier et ses conclusions établissent que notre situation budgétaire s'y oppose.

On n'aurait plus à compter, dit M. Say. sur la rentrée des sommes avancées aux compagnies pour garantie d'intérêts, puisqu'il faudrait abandonner ces créances en paiement du matériel roulant des compagnies rachetées qui, aux termes des contrats, doit être remboursé au bout des trois mois. La position déjà mauvaise serait encore empirée... Non seulement on serait entraîné dans une série d'emprunts, dans le pire moment qu'on puisse choisir, mais on surchargerait le crédit propre de l'État d'un poids nouveau, par la transformation en valeurs d'État, des valeurs industrielles qui représentent aujourd'hui le crédit propre à chaque compagnie. Les propriétaires des annuités servies aux anciens actionnaires et obligataires seraient de simples créanciers de l'État. La hausse ou la baisse de ces titres serait déterminée, non plus, comme aujourd'hui, par le chiffre plus ou moins important des recettes, mais par le degré de confiance ou de défiance que la situation générale des finances, ou la politique du gouvernement pourrait inspirer. Tout serait passé au niveau du même crédit.

Comme il faut tenir compte, pour l'évaluation du rachat, non seulement de la moyenne du produit net dans les dernières années, mais de la valeur du matériel roulant, et du prix de revient pour les lignes exploitées depuis moins de quinze ans, les actions des grandes compagnies, rachetées présentement, bénéficieraient d'une plus value plus ou moins importante aux dépens de l'État, excepté peut-être celles de l'ouest.

L'État entrerait donc dans l'affaire en perte et cette perte s'accroîtrait encore, quand on arriverait aux réductions de tarifs. Il faudrait que le budget, c'est-à-dire le contribuable, couvrît ce déficit.

Et non-seulement les tarifs seraient réduits, mais comme ils ne seraient plus que des impôts, on demanderait sans cesse des réductions nouvelles sur ceux-là même comme sur les autres ; en même temps qu'on exigerait plus de vitesse, plus de confortable, partant un surcroît de dépense, qu'il faudrait bien porter au compte d'autres impôts, à moins de relever les tarifs. C'est ce qui a lieu en Belgique où à l'occasion d'une légère augmentation des tarifs le ministre disait : il faut choisir ; ou bien relever les tarifs pour que le chemin de fer produise ce qu'il coûte, ou bien ne pas toucher aux tarifs et demander le surcroît aux impôts.

Enfin M. Say démontre que l'exploitation des chemins de fer par l'Etat rendrait absolument impossible la formation des budgets préalables, condition *sine quâ non* de l'ordre des finances. Déjà cette formation est devenue fort difficile par suite des improvisations des membres du parlement ; ce serait bien pis encore s'il s'agissait d'englober dans le mouvement des recettes et des dépenses toute l'industrie des transports par chemins de fer ! Jusqu'ici l'exploitation du petit réseau de l'état a été faite forcément en quelque sorte, sans budget préalable, sans contrôle, que serait-ce s'il fallait joindre au budget les dépenses et les recettes de tous les chemins de fer, c'est-à-dire, un mouvement de deux milliards, tant en recette qu'en dépense.

Aussi M. Say a-t-il proposé au parlement de charger les compagnies des nouvelles extensions de réseau et de conclure avec celle-ci des conventions pour la libération anticipée des avances qu'elles ont reçues de l'état. Les compagnies se libéreraient au moyen d'obligation qu'elles offriraient à l'épargne du pays. On attendrait ainsi l'expiration des concessions, c'est-à-dire, en moyenne 70 ans, époque à laquelle le capital action et le capital obligation des compagnies se trouvant amorti, l'état reprendrait tous les chemins de fer affranchis des charges de la construction et de l'achat des terrains.

(Extrait de la France judiciaire. Année 1882. 1re partie, page 141.)

Titre II. — Premières lois organiques des chemins de fer d'intérêt local.

8. — *Loi du 4 juillet* 1865. Les chemins de fer départementaux ou communaux ont été institués, sous le nom de chemins de fer d'intérêt local par la loi du 4 juillet 1865.

Les caractères essentiels de ces chemins résultant de cette loi et des documents officiels qui l'ont précédée ou interprétée peuvent se résumer ainsi qu'il suit :

1. Les chemins de fer d'intérêt local sont destinés exclusivement à relier les localités secondaires aux lignes principales, en suivant soit une vallée, soit un plateau, et en ne traversant ni faîtes de montagnes, ni grandes vallées.

2. Ces chemins de fer doivent avoir une longueur limitée s'étendant rarement au delà de 30 ou 40 kilomètres.

3. Ils ne doivent, en aucun cas, faire concurrence aux lignes des grandes compagnies. Loin d'avoir pour but d'établir des communications plus directes entre diverses régions, ils doivent être des affluents des grandes lignes comme les chemins vicinaux sont des affluents des grandes routes.

4. L'État a un droit souverain d'appréciation pour décider si un chemin de fer a ou non le caractère d'intérêt local. Le ministre des travaux publics et le Conseil d'État sont chargés de veiller à la stricte observation de ce principe.

5. Si un chemin de fer concédé à titre d'intérêt local par un conseil général, menace de faire concurrence à une grande ligne, ou bien sort du rôle spécial que la loi a assigné aux chemins de fer d'intérêt local, l'exécution n'en doit pas être autorisée.

6. Cette autorisation est la condition suspensive de toute concession faite par un conseil général. Toute concession dite d'intérêt local, définitive entre les parties contractantes, est toujours subordonnée à l'autorisation supérieure du gouvernement.

7. Le gouvernement, ayant refusé d'autoriser l'exécution à titre d'intérêt local d'une ligne concédée à tort comme telle par un conseil général, peut classer cette ligne dans le réseau d'intérêt général, en prononcer l'utilité publique et la concéder, sans que les concessionnaires primitifs aient aucun droit à indemnité.

9. — *Loi du* 10 *août* 1871. La loi du 10 août 1871, organique des conseils généraux, loin d'avoir étendu les prérogatives de ces assemblées a simplement maintenu le régime de la loi de 1865. Plus exactement même elle a laissé de côté les chemins de fer d'intérêt local car la mention qu'elle en a faite dans l'énumération des attributions des conseils généraux est textuellement empruntée à la loi du 12 juillet 1865 et cette mention laconique aurait pu être omise sans inconvénient car elle n'a fait que rappeler un état de choses préexistant.

Art. 46 § 12. *Le conseil général statue définitivement. Sur... la direction des chemins de fer d'Intérêt local, mode et conditions de leur construction, traités et dispositions nécessaires pour en assurer l'exploitation.*

Ce texte devait être rapproché de l'article 2 de la loi du 4 juillet 1865, ainsi conçu :

L'utilité publique est déclarée et l'exécution est autorisée par décret délibéré en Conseil d'Etat, sur le rapport des ministres de l'Intérieur et des travaux publics.

Ainsi sous le régime des lois de 1865 et de 1871, le conseil général pouvait concéder les lignes d'Intérêt local à la condition que le gouvernement reconnût l'utilité publique et ne mît pas son *veto* à la concession de la ligne comme contraire aux intérêts de l'État ou d'autres lignes du réseau national.

Quelques départements ont profité de cette loi et accordé quelques concessions locales ; mais ces lignes n'ont pas généralement donné des résultats satisfaisants à cause des frais élevés de constructions par rapport au trafic, aussi une législation nouvelle n'a pas tardé à prendre la place de la loi de 1865 et le caractère particulier de cette législation est de créer le réseau des chemins de fer d'intérêt local au moyen de voies plus étroites et en utilisant les routes et les chemins vicinaux.

Titre III. — Lois existantes.

10. — *Loi du 11 juin 1880 sur les chemins de fer d'intérêt local.* Cette loi prévoit deux catégories de chemins de fer d'intérêt local : les chemins de fer à large voie construits sur le modèle des chemins de fer de l'État et les chemins de fer à voie étroite construits sur les routes et chemins vicinaux qui ont reçu le nom spécial de *Tramways.*

11. — DISPOSITIONS CONCERNANT LES CHEMINS DE FER. *Etablissement.* Art. 1. L'établissement des chemins de fer d'intérêt local par les départements ou par les communes, avec ou sans le concours des propriétaires intéressés, est soumis aux dispositions suivantes :

12. — *Chemins de fer départementaux.* Art. 2. § 1er. S'il s'agit de chemins à établir sur le territoire d'une ou de plusieurs communes, le conseil général arrête, après l'instruction préalable par le préfet et après enquête, la direction de ces chemins, le mode et les conditions de leur construction, ainsi que les traités et les dispositions nécessaires pour en assurer l'exploitation, en se conformant aux clauses et conditions du cahier des charges, type approuvé par le conseil d'état, sauf les modifications qui seraient apportées par la convention et la loi d'approbation.

13. — *Chemins de fer interdépartementaux.* Art. 2. § 2. Si la ligne doit s'étendre sur plusieurs départements, il y aura lieu à l'application des art. 89 et 90 de la loi du 10 août 1871.

14. — *Chemins de fer communaux.* Art. 2. § 3. S'il s'agit de chemins de fer d'intérêt local à établir par une commune sur son territoire, les attributions confiées au conseil général par le § 1er du présent article seront exercées par le conseil municipal, dans les mêmes conditions et sans qu'il soit besoin de l'approbation du préfet.

15. — *Dispositions communes.* Art. 2. § 4. Les projets de chemins de fer d'intérêt local départementaux ou communaux, ainsi arrêtés sont soumis à l'examen du conseil général des ponts et chaussées et du conseil d'état. Si le projet a été arrêté par un conseil municipal, il est accompagné de l'avis du conseil général.

16. — *Déclaration d'utilité publique.* Art. 2 §. 5. L'utilité publique est déclarée et l'exécution est *autorisée* par une loi.

17. — *Approbation définitive après l'autorisation de l'Etat.* Art. 3. L'autorisation obtenue, s'il s'agit d'un chemin de fer, concédé par le conseil général, le préfet, après avoir pris l'avis de l'ingénieur en chef du département, soumet les projets d'exécution au conseil général, qui statue définitivement.

Néanmoins, dans les deux mois qui suivent la délibération, le ministre des travaux publics, sur la proposition du préfet, peut, après avoir pris l'avis du conseil général des ponts et chaussées, appeler le conseil général du département à délibérer de nouveau sur lesdits projets.

Si la ligne doit s'étendre sur plusieurs départements, et s'il y a désaccord entre les conseils généraux, le ministre statue.

S'il s'agit d'un chemin concédé par un conseil municipal, les attributions exercées par le conseil général, aux termes du § 1er du présent article, appartiennent au conseil municipal, dont la délibération est soumise à l'approbation du préfet.

18. — *Projets et avants-projets.* Art. 3. § 5. Si un chemin de fer d'intérêt local doit emprunter le sol d'une voie publique, les projets d'exécution sont précédés de l'enquête prévue par l'article 29 de la loi du 11 juin 1880. Dans ce cas sont également applicables les articles 34, 35, 37 et 38 de la même loi. Les projets de détail des ouvrages sont approuvés par le préfet, sur l'avis de l'ingénieur en chef.

Nota. L'instruction des avants-projets et des projets d'un chemin de fer d'intérêt local a été réglée par un décret du 9 août 1881 ; cette instruction que nous donnerons ci-après, est sensiblement la même que celle des tramways qui a été réglée par un décret du 18 mai 1881.

19. — *Traités de concession et cahiers de charges.* Art. 4. L'acte de concession détermine les droits de péage et les prix de transport que le concessionnaire est autorisé à percevoir pendant toute la durée de sa concession.

Nota. Dans toute concession de chemin de fer les prix du tarif sont divisés en *péage* et *transport*. Le droit de péage est toujours dû par ceux qui circulent sur le chemin de fer et par toutes les marchandises qui y passent. Mais les droits de transport ne sont dûs à la compagnie qu'autant qu'elle a transporté elle-même et par ses propres moyens.

Art. 7. Le cahier des charges détermine : 1° Les droits et les obligations du concessionnaire pendant la durée de la concession. 2° Les droits et les obligations du concessionnaire à l'expiration de la concession. 3° Les cas dans lesquels l'exécution des conditions de la concession peut entraîner la déchéance du concessionnaire, ainsi que les mesures à prendre à l'égard du concessionnaire déchu. La déchéance est prononcée, dans tous les cas, par le ministre des travaux publics, sauf recours au conseil d'État par la voie contentieuse.

Art. 8. Aucune concession ne pourra faire obstacle à ce qu'il soit accordé des concessions concurrentes, à moins de stipulation contraire dans l'acte de concession.

20. — *Tarifs.* Les taxes perçues dans les limites du maximum fixé par le cahier des charges sont homologuées par le ministre des travaux publics, dans le cas où la ligne s'étend sur plusieurs départements, et dans le cas de tarifs communs à plusieurs lignes. Elles sont homologuées par le préfet dans les autres cas.

21. — *Réserves de droit au profit de l'autorité qui concède.* Art. 6. L'autorité qui fait la concession a toujours le droit : 1° d'autoriser d'autres voies ferrées à s'embrancher sur des lignes concédées ou à s'y raccorder. 2° D'accorder à ces entreprises nouvelles, moyennant le paiement des droits de péage fixés par le cahier des charges, la faculté de faire circuler leurs voitures sur les lignes concédées : 3° De racheter la concession aux conditions qui seront fixées par le cahier des charges; 4° de supprimer ou de modifier une partie du tracé lorsque la nécessité en aura été reconnue après enquête. Dans ces deux derniers cas, si les droits du concessionnaire ne sont pas réglés par un accord préalable ou par un arbitrage établi, soit par le cahier des charges, soit par une convention postérieure, l'indemnité qui peut lui être due est liquidée par une commission spéciale formée comme il est dit au paragraphe 3 de l'article 11 de la loi du 11 juin 1880.

22. — *Modifications.* Art. 10. Toute cession totale ou partielle de la concession, la fusion des concessions ou des administrations, tout changement de concessionnaire, la substitution de l'exploitation directe à l'exploitation par concession, l'élévation des tarifs au dessus du maximum fixé, ne pourront avoir lieu qu'en vertu d'nn décret délibéré en conseil d'État, rendu sur l'avis conforme du conseil général, s'il s'agit de lignes concédées par les départemenls, ou du conseil municipal, s'il s'agit de lignes concédées par les communes. Les autres modifications pourront être faites par l'autorité qui a consenti la concession ; s'il s'agit de lignes concédées par les départements, elles seront faites par le conseil général statuant conformément aux art. 48 et 49 de la loi du 10 août 1871 ; s'il s'agit de lignes concédées par les communes, elles seront faites par le conseil municipal, dont la délibération devra être approuvée par le préfet. En cas de cession, l'inobservation des conditions qui précèdent entraîne la nullité et peut donner lieu à la déchéance.

Remise du chemin à l'expiration de la concession. Art. 9. A l'expiration de la concession, le concédent est substitué à tous les droits du concessionnaire sur les voies ferrées, qui doivent lui être remises en bon état d'entretien. Le cahier des charges règle les droits et les obligations du concessionnaire en ce qui concerne les autres objets mobiliers ou immobiliers servant à l'exploitation de la voie ferrée.

23. — *Retrait au bénéfice de l'Etat.* Art. 11. A toute époque, une voie ferrée peut être distraite du domaine public départemental ou communal et classée par une loi dans le domaine de l'État.

Dans ce cas, l'État est substitué aux droits et obligations du département ou de la commune, à l'égard des entrepreneurs ou concessionnaires tels que ces droits ou obligations résultent des conventions légalement autorisées.

En cas d'éviction du concessionnaire, si ses droits ne sont pas réglés par un accord préalable ou par un arbitrage établi, soit par le cahier des charges, soit par une convention postérieure, l'indemnité qui peut lui être due est liquidée par une commission spéciale qui fonctionne dans les conditions réglées par la loi du 29 mai 1845. Cette commission sera instituée par un décret et composée de neuf membres, dont trois désignés par le ministre des travaux publics, trois par le concessionnaire et trois par l'unanimité de six membres déjà désignés; faute par ceux-ci de s'entendre dans le mois de la notification, à eux faite de leur nomination, le choix de ceux des trois membres qui n'auront pas été désignés à l'unanimité sera fait par le premier président et les présidents réunis de la cour d'appel de Paris. En cas de désaccord entre l'État et le département ou la commune, les indemnités ou dédommagements qui peuvent être dus par l'État sont déterminés par un décret délibéré en conseil d'État.

24. — *Ressources spéciales.* Art. 12. Les ressources créées en vertu de la loi du 21 mai 1836 peuvent être appliquées, en partie, à la dépense des voies ferrées par les communes qui ont assuré l'exécution de leur réseau subventionné et l'entretien de tous les chemins classés.

25. — *Subventions de l'Etat.* Art. 13. Lors de l'établissement d'un chemin de fer d'intérêt local, l'État peut s'engager, en cas d'insuffisance du produit brut pour couvrir les dépenses de l'exploitation et cinq pour cent par an du capital de premier établissement, tel qu'il a été prévu par l'acte de concession, augmenté, s'il y a lieu, des insuffisances constatées pendant la période assignée à la construction par ledit acte, à subvenir pour partie au paiement de cette insuffisance, à la condition qu'une partie au moins équivalente sera payée par le département ou par la commune, avec, ou sans le concours des intéressés. La subvention de l'État sera formée : 1° d'une somme fixe de cinq cents francs par kilomètre exploité ; 2° du quart de la somme nécessaire pour élever la recette brute annuelle (impôts déduits) au chiffre de dix mille francs par kilomètre pour les lignes établies de manière à recevoir les véhicules, les grands réseaux ; huit mille francs pour les lignes qui ne peuvent recevoir ces véhicules. En aucun cas, la subvention de l'État ne pourra élever la recette brute au-dessus de dix mille cinq cents francs et de huit mille cinq cents francs, suivant les cas, ni attribuer au capital de premier établissement plus de cinq pour cent par an, la participation de l'État sera suspendue quand la recette brute annuelle atteindra les limites fixées.

Art. 14. La subvention de l'État ne peut être accordée que dans les limites fixées, pour chaque année, par la loi de finances. La charge annuelle imposée au trésor en exécution de la présente loi, ne peut, en aucun cas, dépasser quatre cent mille francs pour l'ensemble des lignes situées dans un même département.

26. — *Disposition spéciale aux chemins de fer construits sous l'empire de la loi de* 1865. Art. 23. Sur la proposition des conseils généraux et municipaux intéressés, et après adhésion des concessionnaires, la substitution, aux subventions en capital promises en exécution de l'art. 5 de la loi de 1865, de la subvention en annuités stipulée par la présente loi, pourra, par décret délibéré en conseil d'État, être autorisée en faveur des lignes d'intérêt local actuellement déclarées d'utilité publique et non encore exécutées. Ces lignes seront soumises dès lors à toutes les obligations résultant de la présente loi. Il n'y aura pas lieu de renouveler les concessions consenties ou les mesures d'instruction accomplies avant la promulgation de la présente loi, si toutes les formalités qu'elle prescrit ont été observées par avance.

27. — *Stipulations au bénéfice de l'Etat.* Art. 17. Les chemins de fer d'intérêt local qui reçoivent ou ont reçu une subvention du Trésor peuvent seuls être assujettis envers l'État à un service gratuit ou à une réduction du prix des places.

28. — *Bénéfices à partager avec l'Etat et les départements.* Art. 15. Dans le cas où le produit brut de la ligne pour laquelle une subvention a été payée devient suffisant pour couvrir les dépenses d'exploitation, et six pour cent par an du capital de premier établissement, tel qu'il est prévu par l'art. 13, la moitié du surplus de la recette est partagée entre l'État, le département, ou, s'il y a lieu, la commune et les autres intéressés, dans la proportion des avances faites par chacun d'eux, jusqu'à concurrence du complet remboursement de ces avances, sans intérêt.

Art. 16. Un règlement d'administration publique déterminera : 1° les justifications à fournir par les concessionnaires pour établir les recettes et les dépenses annuelles ; 2° les conditions dans lesquelles seront fixés, en exécution de la présente loi, le chiffre de la subvention due par l'État, le département ou les communes ; et, lorsqu'il y aura lieu, la part revenant à l'État, au département, aux communes ou aux intéressés, à titre de remboursement de leurs avances sur le produit net de l'exploitation.

29. — *Réglementation spéciale de la Compagnie concessionnaire.* Art. 18. Aucune émission d'obligations, pour les entreprises prévues par la présente loi, ne pourra avoir lieu qu'en vertu d'une autorisation donnée par le ministre des travaux publics, après avis du ministre des finances.

Il ne pourra être émis d'obligations pour une somme supérieure au montant du capital actions, qui sera fixé à la moitié au moins de la dépense jugée nécessaire pour le complet établissement et la mise en exploitation de voie ferrée. Le capital actions devra être effectivement versé, sans qu'il puisse être tenu compte des actions libérées ou à libérer autrement qu'en argent. Aucune émission d'obligations ne doit être autorisée avant que les quatre cinquièmes du capital-actions aient été versés et employés en achat de terrains, approvisionnement sur place, ou en dépôt de cautionnement. Toutefois, les concessionnaires pourront être autorisés à émettre des obligations, lorsque la totalité du capital actions aura été versée, et s'il est dûment justifié que plus de la moitié de ce capital actions a été employé dans les termes du paragraphe précédent ; mais les fonds provenant de ces émissions anticipées devront être déposés à la caisse des dépôts et consignations et ne pourront être mis à la disposition des concessionnaires que sur l'autorisation formelle du ministre des travaux publics. Les dispositions des paragraphes 2, 3 et 4 du présent article ne seront pas applicables dans le cas où la concession serait faite à une compagnie déjà concessionnaire, d'autres chemins de fer en exploitation, si le ministre des travaux publics reconnaît que les revenus nets de ces chemins sont suffisants pour assurer l'acquittement des charges résultant des obligations à émettre.

30. — *Publicité de la comptabilité.* Art. 19. Le compte-rendu détaillé des résultats de l'exploitation, comprenant les dépenses d'établissement et d'exploitation et les recettes brutes, sera remis tous les trois mois, pour être publié, au préfet, au président de la commission départementale et au ministre des travaux publics. Le modèle des documents à fournir sera arrêté par le ministre des travaux publics.

31. — *Enregistrement.* Art. 24. Toutes les conventions relatives aux concessions et rétrocessions de chemins de fer d'intérêt local, ainsi que les cahiers des charges annexés, ne seront passibles que du droit d'enregistrement fixe de 1 franc.

32. — *Police et surveillance.* Art. 20. Par dérogation aux dispositions de la loi du 15 juillet 1845 sur la police des chemins de fer, le préfet peut dispenser de poser des clôtures sur tout ou partie de la voie ferrée ; il peut également dispenser de poser des barrières au croisement des chemins peu fréquentés.

Art. 21. La construction, l'entretien et les réparations des voies ferrées avec leurs dépendances, l'entretien du matériel et le service de l'exploitation sont soumis au contrôle et à la surveillance des préfets sous l'autorité du ministre des travaux publics. Les frais de contrôle sont à la charge des concesssionnaires. Ils seront réglés par le cahier des charges ou, à défaut, par le préfet, sur l'avis du conseil général, et approuvés par le ministre des travaux publics.

Abrogation. Art. 25. La loi du 12 juillet 1865 est abrogée.

DISPOSITIONS CONCERNANT LES TRAMWAYS

33. — *Autorités qui peuvent concéder des tramways. Art.* 26. Il peut être établi sur les voies dépendant du domaine public de l'État, des départements ou des communes, des tramways ou voies ferrées à traction de chevaux ou de moteurs mécaniques.

Ces voies ferrées ainsi que les déviations accessoires construites en dehors du sol des routes et chemins, et classées comme annexes, sont soumises aux dispositions suivantes.

34. — *Concessions de l'Etat. Art.* 27, § 1. La concession est accordée par l'État lorsque la ligne doit être établie, en tout ou en partie, sur une voie dépendant du domaine public de l'État. Cette concession peut être faite aux villes ou aux départements intéressés avec faculté de rétrocession.

35. — *Tramways départementaux. Art.* 27, § 2. La concession est accordée par le conseil général, au nom du département, lorsque la voie ferrée, sans emprunter une route nationale, doit être établie, en tout ou en partie, soit sur une route départementale, soit sur un chemin de grande communication ou d'intérêt commun, ou doit s'étendre sur le territoire de plusieurs communes.

36. — *Tramways interdépartementaux. Art.* 27, § 3. Si la ligne doit s'étendre sur plusieurs départements, il y aura lieu à l'application des art. 89 et 90 de la loi du 10 août 1871.

37. — *Tramways, communaux. Art.* 27, § 4. La concession est accordée par le conseil municipal, lorsque la voie ferrée est établie entièrement sur le territoire de la commune et sur un chemin vicinal ordinaire ou sur un chemin rural.

38. — *Faculté de rétrocession. Art.* 28. Le département peut accorder la concession à l'État ou à une commune, avec faculté de rétrocession ; une commune, peut agir de même, à l'égard de l'État ou du département.

39. — *Instruction préalable à la concession. Art.* 29. Aucune concession ne peut être faite qu'après une enquête dans les formes déterminées par un règlement d'administration publique, et dans laquelle les conseils généraux des départements et les conseils municipaux des communes, dont la voie doit traverser le territoire, seront entendus, lorsqu'il ne leur appartiendra pas de statuer sur la concession.

40. — *Déclaration d'utilité publique. Art.* 29, § 2. L'utilité publique est déclarée, et l'exécution est autorisée par décret délibéré en conseil d'État, sur le rapport du ministre des travaux publics, après avis du ministre de l'Intérieur.

41. — *Cahier des charges. Art.* 30. Toute dérogation ou modification apportée aux clauses du cahier des charges, type, approuvé par le conseil d'État, devra être expressément formulée dans les traités passés au sujet de la concession, lesquels seront soumis au conseil d'État et annexés au décret.

42.— *Expropriation pour cause d'utilité publique. Art.* 31. Lorsque, pour l'établissement d'un tramway, il y aura lieu à expropriation, soit pour l'élargissement d'un chemin vicinal, soit pour l'une des déviations prévues à l'article 26 de la présente loi, cette expropriation pourra être opérée conformément à l'article 16 de la loi du 21 mai 1836, sur les chemins vicinaux, et à l'article 2 de la loi du 8 juin 1864.

43. — *Approbation définitive. Art.* 32. Les projets d'exécution sont approuvés par le ministre des travaux publics, lorsque la concession est accordée par l'État. Les dispositions de l'article 3 sont applicables lorsque la concession est accordée par un département ou par une commune.

44. — *Tarifs. Art.* 33. Les taxes perçues dans les limites du maximum fixé par l'acte de concession sont homologuées par le ministre des travaux publics, dans le cas où la concession est faite par l'État, et par le préfet dans les autres cas.

45. — *Exemption des prestations et autres charges. Art.* 34. Les concessionnaires de tramways ne sont pas soumis à l'impôt des prestations établi par l'article 3 de la loi du 21 mai 1836, à raison des voitures et des bêtes de trait exclusivement employées à l'exploitation du tramway. Les départements ou les communes ne peuvent exiger des concessionnaires une redevance ou un droit de stationnement qui n'aurait pas été stipulé expressément dans l'acte de concession.

46. — *Remise des tramways à l'expiration de la concession. Art.* 35. A l'expiration de la concession, l'administration peut exiger que les voies ferrées qu'elle avait concédées soient supprimées en tout ou en partie, et que les voies publiques et leurs déviations lui soient remises en bon état de viabilité aux frais du concessionnaire.

47. — *Subventions de l'Etat. Art.* 36. Lors de l'établissement d'un tramway desservi par des locomotives et destiné au transport des marchandises, en même temps qu'au transport des voyageurs, l'État peut s'engager, en cas d'insuffisance du produit brut pour couvrir les dépenses d'exploitation et cinq pour cent par an du capital d'établissement tel qu'il a été prévu par l'acte de concession, et augmenté, s'il y a lieu, des insuffisances constatées pendant la période assignée à la construction par ledit acte, à subvenir, pour partie, au paiement de cette insuffisance, à condition qu'une partie au moins équivalente sera payée par le département ou par la commune avec ou sans le concours des intéressés. La subvention de l'État sera formée : 1° d'une somme fixe de cinq cents francs par kilomètre exploité, 2° du quart de la somme nécessaire pour élever la recette brute annuelle, impôts déduits, au chiffre de six mille francs par kilomètre. En aucun cas, la subvention de l'État ne pourra élever la recette brute au-dessus de six mille cinq cents francs ni attribuer au capital de premier établissement plus de cinq pour cent par an. La participation de l'État sera suspendue de plein droit quand les recettes brutes annuelles atteindront la limite ci-dessus fixée.

48. — *Police et surveillance. Art.* 37. La loi du 15 juillet 1845, sur la police des chemins de fer, est applicable aux tramways, à l'exception des art. 4. 5. 6. 7. 8. 9. et 10.

Art. 38. Un règlement d'administration publique déterminera les mesures nécessaires à l'exécution des dispositions qui précèdent et notamment : 1° Les conditions spéciales auxquelles doivent satisfaire, tant pour leur construction que pour la circulation des voitures et des trains, les voies ferrées dont l'établissement sur le sol des voies publiques aura été autorisé ; 2° Des rapports entre le service de ces voies ferrées et les autres services intéressés.

49. — *Dispositions communes aux chemins de fer d'intérêt local et aux tramways. Art.* 3. Si un chemin de fer d'intérêt local doit emprunter le sol d'une voie publique, les projets d'exécution sont précédés de l'enquête prévue par l'art. 29. Dans ce cas sont également applicables les articles, 34, 35, 37 et 38 de la même loi.

Art. 39. Sont applicables aux tramways les dispositions des articles 4. 6 à 12, 14 à 19 et 24 de la présente loi.

Titre IV. — Instruction qui doit précéder la concession des tramways.

50. — *Études préalables.* Toute concession de chemin de fer ou de tramways doit être précédée d'études préalables qui peuvent être entreprises par l'administration ou par des particuliers ; les études servent à préparer le dossier de l'avant-projet.

Les autorités qui peuvent prendre l'initiative de ces études et les ordonner sont : le ministre des travaux publics, les préfets et les maires. Elle nécessitent l'autorisation par arrêtés préfectoraux de pénétrer moyennant indemnité, dans les propriétés privées pour dresser les plans et prendre les niveaux.

Quand des particuliers veulent prendre l'initiative des études préalables ils doivent adresser leur demande au ministre des travaux publics, aux préfets et aux maires selon les cas, et si la demande est favorablement accueillie, les autorités provoquent ou prennent les arrêtés administratifs nécessaires pour pénétrer dans les propriétés privées à l'effet de préparer le dossier de l'avant-projet.

DÉCRET DU 18 MAI 1881

Voici comment le décret du 18 mai 1881 a réglé l'instruction qui doit aboutir à la concession d'un tramway.

51. — *Demande en concession.* Art. 1. Les demandes tendant à établir des voies ferrées à traction de chevaux, ou de moteurs mécaniques sur les voies dépendant du domaine public sont adressées : au *ministre des travaux publics* lorsque la concession doit, conformément à l'article 27 de la loi susvisée, être accordée par l'État ; au *préfet* lorsqu'elle doit être accordée par le conseil général ; au *maire*, lorsqu'elle peut l'être par le conseil municipal.

52. — *Pièces de l'avant-projet. Art.* 2. La demande doit être accompagnée d'un avant-projet, comprenant :

1° Un extrait de carte à l'échelle de $\frac{1}{80000}$, 2° Un plan général des voies publiques empruntées, ainsi que des déviations proposées à l'échelle de $\frac{1}{10000}$, avec indication des constructions qui bordent ces voies publiques, des chemins publics ou particuliers qui s'en détachent, des plantations et des ouvrages d'art qui en dépendent ; on désignera sur ce plan, au moyen de teintes conventionnelles, les sections du tramway que l'on projette de construire avec simple ou double voie, et celles qui seraient établies, avec rails encastrés dans la chaussée et plate-forme accessible à la circulation des voitures ordinaires ou avec rails saillants et plate-forme non praticable pour les voitures ordinaires; on indiquera aussi les emplacements des stations, haltes, garages, et en général, de toutes les dépendances du tramway. 3° Un profil en long à l'échelle de $\frac{1}{5000}$ pour les longueurs et de $\frac{1}{1000}$ pour les hauteurs, indiquant, au moyen d'un trait et de côtes noires, les déclivités de la voie publique existantes, et au moyen d'un trait et de côtes rouges, celles de la voie ferrée, ainsi que les déviations projetées. 4° Des profils en travers types, à l'échelle de deux centimètres pour mètre, indiquant les dispositions de la plate-forme de la voie ferrée avec le garabit du matériel roulant, côté de dehors en dehors, de toutes les saillies latérales que ce matériel comporte; ces profils en travers devant s'appliquer, soit au cas où la plate-forme de la voie ferrée resterait accessible et praticable pour les voitures ordinaires, soit au cas où la plate-forme de la voie ferrée ne devrait pas être accessible à la circulation des voitures ordinaires. 5° Un plan à l'échelle de cinq millimètres pour mètre de chacune des traverses suivies par le tramway. Ce dernier plan sera dressé dans la forme des plans d'alignement des traverses. Il indiquera les propriétés bâties en bordure, avec les noms des propriétaires. Les caniveaux et les trottoirs y seront tracés exactement. La zone qui doit être occupée par la circulation du matériel roulant du tramway, (toutes saillies latérales comprises) sera limitée au moyen de deux traits bleus, et, cette zone sera recouverte d'une teinte bleue. Des côtes en nombre suffisant serviront à indiquer, notamment dans les parties étroites, la largeur de la zone qui serait affectée à la circulation du matériel du tramway, la largeur de chacune des parties latérales de la chaussée qui resteraient libres entre la zone teintée en bleu comme il est dit ci-dessus et les bordures des trottoirs, ainsi que la largeur de chaque trottoir, ou les largeurs qui seraient comprises entre la même zone et les façades des constructions.

53. — *Mémoire qui doit accompagner les dessins de l'avant-projet. Art.* 3. A l'avant-projet sera joint un mémoire descriptif indiquant le but de l'entreprise, les avantages qu'on peut s'en promettre et les dépenses qu'elle entraînera. On y annexera le tarif des droits dont le produit serait destiné à couvrir les frais des travaux projetés.

Les données suivantes seront relatées dans un chapitre spécial du mémoire descriptif.

1° Le genre de service auquel le tramway serait affecté : voyageurs seulement, voyageurs et messageries, ou voyageurs et marchandises. 2° Le mode d'exploitation projeté, avec arrêts seulement à certaines gares et haltes déterminées, ou bien avec arrêts en pleine voie, à l'effet de prendre et de laisser sur tous les points du parcours, les voyageurs et les marchandises d'une certaine catégorie, (sous réserve de l'observation des règlements de police à intervenir,) indépendamment des stationnements aux gares et haltes indiquées. 3° Le minimum du rayon des courbes suivant lesquelles la voie ferrée serait tracée. 4° Le maximum des déclivités des rampes et pentes de la voie ferrée. 5° Le mode de traction qui serait employé. 6° Le maximum de largeur du matériel roulant, toutes saillies latérales comprises. 7° Les dispositions qui seraient proposées à l'effet de maintenir l'accès des chemins publics ou particuliers, ainsi que des maisons riveraines. 8° Le minimum de la distance qui séparera la zone affectée au tramway des façades des proprietés riveraines situées en rase campagne ou de l'arrête extérieure de l'accotement des voies publiques.

9° Le maximum de la longueur des trains. 10° Le maximum de la vitesse des trains. 11° Le nombre minimum des trains qui seront mis chaque jour à la disposition du public.

54. — *Prise en considération de l'avant-projet.* Art.

4. Après instruction, la demande est soumise à l'autorité qui doit faire la concession, et celle-ci décide s'il y a lieu de procéder à l'enquête. Quand cette autorité a décidé que l'enquête doit avoir lieu, le préfet prend un arrêté pour fixer le jour et les lieux ou l'enquête sera ouverte et pour nommer les membres de la commisssion, le tout conformément aux règles ci-après. Cet arrêté est affiché dans toutes les communes de chacun des contours que la ligne doit traverser.

55. — *Instruction de l'avant-projet.* Art. 5. La commission d'enquête se compose de sept membres au moins et de neuf au plus, pris parmi les principaux propriétaires de terres, de bois, de mines, les négociants et les chefs d'établissements industriels. Si la ligne ne doit pas sortir des limites d'une commune, la commission se réunit à la mairie de cette commune ; si elle traverse plusieurs communes d'un même arrondissement, la commission se réunit à la sous-préfecture de cet arrondissement ; si elle traverse plusieurs arrondissements d'un même département, la commission siége à la préfecture ; si elle traverse deux ou plusieurs départements, il est nommé une commission par département et chacune d'elles siége à la préfecture. La commission désigne elle-même son président et son secrétaire.

Art. 6. Les pièces indiquées aux art. 2 et 3 ainsi que des registres destinés à recevoir les observations auxquelles peut donner lieu l'entreprise projetée restent déposés pendant un mois à la mairie de chaque chef-lieu de canton que la ligne doit traverser, ou à la mairie de chaque commune, si la ligne ne sort pas du territoire d'une commune. En outre, le plan de chaque traverse mentionnée au n° 5 de l'article 2 est déposé pendant le même temps avec un registre spécial à la mairie de la commune traversée. Les pièces ci-dessus indiquées sont fournies par le demandeur en concession et à ses frais.

Art. 7. A l'expiration du délai ci-dessus fixé, la commission d'enquête se réunit sur la convocation du préfet, du sous-préfet, ou du maire, suivant le lieu où elle doit siéger ; examine les déclarations consignées aux registres de l'enquête ; entend les ingénieurs des ponts et chaussées et des mines, employés dans le département, et, après avoir recueilli auprès de toutes les personnes qu'elle juge utile de consulter, les renseignements dont elle croit avoir besoin, elle donne son avis motivé tant sur l'utilité de l'entreprise que sur les diverses questions qui ont été posées par l'administration ou soulevées au cours de l'enquête. Ces diverses opérations, dont elle dresse procès-verbal, doivent être terminées dans un délai de quinze jours.

Art. 8. Aussitôt que le procès-verbal de la commission d'enquête est clos, et au plus tard, à l'expiration du délai fixé en vertu de l'article précédent, le président de la Commission transmet ledit procès-verbal au préfet avec les registres et les autres pièces.

Art. 9. Les chambres de commerce et, à défaut les chambres consultatives des arts et manufactures des villes intéressées à l'exécution des travaux, sont appelées par le préfet à délibérer et à exprimer leur opinion sur l'utilité et la convenance de l'entreprise. Les procès-verbaux de leurs délibérations doivent être remis au préfet avant l'expiration du délai fixé dans l'article 7.

Art. 10. Les conseil généraux des départements et les conseil municipaux des communes dont la voie projetée doit traverser le territoire, convoqués au besoin en session extraordinaire, sont appelés à délibérer et à émettre leur avis sur les mêmes objets, lorsqu'il ne leur appartient pas de statuer sur la concession.

56. — *Décision sur l'avant-projet.* Art. 11. Lorsque toutes les formalités prescrites par les articles précédents ont été remplies, ainsi que celles qui peuvent être nécessaires aux termes des lois et règlements sur les travaux mixtes, le préfet adresse dans le plus bref délai possible le dossier complet, avec l'avis des ingénieurs et son avis particulier, à l'autorité qui doit donner la concession ; il joint à ce dossier le projet du cahier des charges de la concession.

57. — *Chemin de fer d'intérêt local établi sur une voie publique.* Art. 12. Les dispositions qui précèdent sont applicables aux chemins de fer d'intérêt local qui doivent emprunter le sol des voies publiques sur une partie de leurs parcours. Les avant-projets et mémoires descriptifs de ces lignes de chemins de fer sont complétés conformément aux art. 2 et 3 du présent décret et au paragraphe 5 de l'article 3 de la loi sus-visée pour ce qui concerne les sections à poser sur les voies publiques. L'enquête faite dans les formes ci-dessus sert pour faire déclarer l'utilité publique et pour en faire autoriser l'exécution tant sur le sol des routes et chemins qu'en dehors des voies publiques.

58. — *Déclaration d'utilité publique des tramways.* Après l'adoption des avant-projets, au résultat de l'instruction que nous venons de décrire, si le conseil municipal ou le conseil général, selon les cas, ont voté la concession du tramway, le dossier est transmis au préfet et adressé par lui au ministre des travaux publics.

Ensuite l'utilité publique est déclarée et l'exécution est autorisée par décret délibéré en conseil d'État, sur le rapport du ministre des travaux publics après avis du ministre de l'Intérieur.

Le ministre de l'Intérieur intervient au point de vue de l'intérêt départemental et de la question des voies et moyens ; le Ministre des travaux publics, pour apprécier l'entreprise projetée dans ses rapports avec l'ensemble des lignes concédées ou qui restent à exécuter pour compléter le grand réseau du pays.

59. — *Expropriation des terrains.* Art. 31. L. du 11 juin 1880. Lorsque, pour l'établissement d'un tramway, il y aura lieu à expropriation, soit pour l'élargissement d'un chemin vicinal, soit pour l'une des déviations prévues à l'art. 26 de la présente loi, cette expropriation pourra être opérée conformément à l'article 16 de la loi du 21 mai 1836, sur les chemins vicinaux, et à l'article 2 de la loi du 8 juin 1864. (Voir les numéros 73, 79, 80, 83, 96, 107, de notre ouvrage.)

DÉCRET DU 9 AOUT 1881

Un décret du 9 août 1881 est venu compléter le décret du 18 mai 1881 sur la construction des chemins de fer d'intérêt local et des tramways. Le décret du 9 août est divisé en quatre chapitres : *à la construction, à l'entretien et à l'exploitation, à la police et à la surveillance et à des dispositions diverses.* Il est suivi du cahier des charges type pour la concession du chemin de fer d'intérêt local et du cahier des charges type pour la concession des tramways.

Le Président de la République française,

Sur le rapport du ministre des travaux publics ;

Vu la loi du 11 juin 1880, et notamment l'article 38, ainsi conçu :

« Un règlement d'administration publique déterminera les mesures nécessaires à l'exécution des dispositions qui précèdent et notamment :

« 1° Les conditions spéciales auxquelles doivent satisfaire, tant pour leur construction que pour la circulation des voitures et des trains les voies ferrées dont l'établissement sur le sol des voies publiques aura été autorisé ;

« 2° Les rapports entre le service de ces voies ferrées et les autres services intéressés ; »

Vu les avis du conseil général des ponts et chaussées, en date des 20 janvier et 7 juillet 1881 ;

Le conseil d'État entendu,

Décrète :

Titre Ier. — Construction.

60. — *Projets d'exécution.* Art. 1er. Aucun travail ne peut être entrepris pour l'établissement d'une voie ferrée sur le sol de voies publiques qu'avec l'autorisation de l'administration compétente donné sur le vu des projets d'exécution.

Chaque projet d'exécution comprend l'extrait de carte, le plan général, le profil en long, les profils en travers types et les plans de traverses dont la production est exigée par l'article 2 du règlement d'administration publique du 18 mai 1881, ces documents dressés dans la forme prescrite par l'article précité, et dûment complétés ou rectifiés d'après les résultats de l'instruction à laquelle l'avant-projet a été soumis.

Le projet d'exécution comprend en outre :

1° Des profils en travers, à l'échelle de $0^m,005$ pour mètre, relevés en nombre suffisant, principalement dans les traverses et dans les parties où les voies publiques empruntées n'ont pas la largeur et le profil normal ;

2° Un devis descriptif dans lequel sont reproduites, sous forme de tableau, les indications relatives aux déclivités et aux courbes déjà données sur le profil en long ;

3° Un mémoire dans lequel toutes les dispositions essentielles du projet sont justifiées.

Le projet d'exécution est remis au préfet en deux expéditions, dont l'une, revêtue de l'approbation que le préfet aura donnée en se conformant à la décision de l'autorité compétente pour les projets d'ensemble, est rendue au concessionnaire, tandis que l'autre demeure entre les mains du préfet.

Les projets comprenant des déviations en dehors du sol, des routes et chemins, sont soumis à l'approbation du ministre des travaux publics, pour ce qui concerne la grande voirie et les cours d'eau, et ne peuvent être adoptés par l'autorité qui a donné la concession que sous la réserve des décisions prises ou à prendre par le ministre des travaux publics sur les objets qui précèdent.

Avant comme pendant l'exécution, le concessionnaire aura la faculté de proposer aux projets approuvés les modifications qu'il jugerait utiles ; mais ces modifications ne pourront être exécutées qu'avec l'approbation de l'autorité qui a revêtu de sa sanction les dispositions à modifier.

De son côté, l'administration pourra ordonner d'office les modifications dont l'expérience ou les changements à opérer sur la voie publique feraient reconnaître la nécessité.

En aucun cas, ces modifications ne pourront donner lieu à indemnité.

61. — *Bureaux d'attente et de contrôle, égoûts, etc.* Art. 2. La position des bureaux d'attente et de contrôle qui peuvent être autorisées sur la voie publique, celle des égoûts, de leurs bouches et regards, et des conduites d'eau et de gaz, doivent être indiquées sur les plans présentés par le concessionnaire, ainsi que tout ce qui serait de nature à influer sur la position de la voie ferrée et sur le bon fonctionnement de divers services qui peuvent en être affectés.

62. — *Voies doubles et gares d'évitement.* Art. 3. Le projet d'exécution indique le nombre des voies à établir sur les différentes sections des lignes concédées, ainsi que le nombre et la disposition des gares d'évitement.

63. — *Largeur de la voie. Gabarit du matériel. Entre-voie.* Art. 4. La largeur de la voie est fixée pour chaque concession par le cahier des charges.

La largeur des locomotives et des caisses des véhicules, ainsi que de leur chargement, ne peut excéder ni deux fois et demie la largeur de la voie, ni la cote maximum de deux mètres quatre-vingts centimètres (2^m,80) ; et la largeur extrême occupée par le matériel roulant, y compris toute saillie, notamment celle des lanternes et des marchepieds latéraux, ne peut dépasser la largeur des caisses augmentée de 30 centimètres (0^m,30).

La hauteur du matériel roulant et de son chargement ne peut excéder quatre mètres vingt centimètres (4^m,20) pour la voie de 1^m,44 ; elle est réglée d'une manière définitive et invariable par le cahier des charges pour les voies de largeur moindre, de manière à ne pas compromettre la sécurité du public.

Dans les parties à plusieurs voies, la largeur de chaque entre-voie est telle, qu'il reste un intervalle libre d'au moins cinquante centimètres (0^m,50) entre les parties les plus saillantes de deux véhicules qui se croisent.

64. — *Établissement de la voie ferrée. Largeur réservée à la circulation publique.* Art. 5. L'autorité qui a fait la concession détermine les sections de la ligne où la voie sera établie au niveau de la chaussée, avec rails noyés, en restant accessible et praticable pour les voitures ordinaires, et celle où elle sera placée sur un accotement praticable pour les piétons, mais interdit aux voitures ordinaires.

Le cahier des charges de chaque concession détermine les largeurs qui doivent être réservées pour la libre circulation sur la voie publique, de telle façon que le croisement de deux voitures soit toujours assuré, l'une de ces deux voitures pouvant être le véhicule du tramway dans le premier des deux cas considérés ci-dessus.

Les dispositions prescrites doivent d'ailleurs assurer dans tous les cas la sécurité du piéton qui circule sur la voie publique et celle du riverain dont les bâtiments sont en facade sur cette voie.

Si l'emplacement occupé par la voie ferrée reste accessible et praticable pour les voitures ordinaires, les rails sont à gorge ou accompagnés de contre-rails ; la largeur des vides ou ornières ne peut excéder vingt-neuf millimètres ($0^{m},029$) dans les parties droites, et trente-cinq millimètres ($0^{m},035$) dans les parties courbes. Les voies ferrées sont posées au niveau de la chaussée, sans saillie ni dépression sur le profil normal de celle-ci.

65. — *Partie de routes à modifier. Traversées à niveau. Accès des propriétés riveraines.* Art. 6. Le concessionnaire fournit, sur les points qui lui sont indiqués, des emplacements pour le dépôt des matériaux d'entretien qui trouvaient place auparavant sur l'accotement occupé par la voie ferrée.

Lorsque pour maintenir la voie de fer dans les limites de courbure et de déclivité fixées par le cahier des charges, ou pour maintenir le fonctionnement des services intéressés (article 2), on doit faire subir quelques modifications à l'état de la voie publique, le concessionnaire exécute tous les travaux, soit à ses frais, soit avec le concours des services intéressés, s'il y a lieu, conformément aux projets approuvés par l'administration.

Il opère pareillement les élargissements qui sont indispensables afin de restituer à la voie publique la largeur exigée en vertu de l'article précédent.

Il doit maintenir l'accès à la voie publique des voitures ordinaires, au droit des chemins publics et particuliers, ainsi que des entrées charretières qui seraient interceptées par la voie de fer. La traversée des routes et des chemins publics ou particuliers est opérée à niveau, sans que le rail forme saillie ou dépression sur la surface de ces chemins.

Le concessionnaire doit d'ailleurs prendre les dispositions nécessaires pour faciliter l'exécution des travaux qui sont prescrits ou autorisés par l'administration, afin de créer de nouveaux accès soit aux chemins publics et particuliers, soit aux propriétés riveraines.

66. — *Déviations à construire en dehors du sol des routes et chemins.* Art. 7. Les déviations à construire en dehors du sol des routes et chemins et à classer comme annexes sont établies conformément aux dispositions arrêtées par l'autorité compétente.

67. — *Ecoulement des eaux. Rétablissement des communications.* Art. 8. Le concessionnaire est tenu de rétablir et d'assurer à ses frais, pendant la durée de la concession, les écoulements d'eau qui seraient arrêtés, suspendus ou modifiés par ses travaux.

Il rétablit de même les communications publiques ou particulières que l'exécution de ses travaux l'oblige à modifier momentanément.

68. — *Exécution des travaux.* Art. 9. La démolition des chaussées et l'ouverture des tranchées pour la pose et l'entretien de la voie ferrée sont effectuées avec célérité et avec toutes les précautions convenables.

Les chaussées doivent être remises dans le meilleur état.

Les travaux sont conduits de manière à ne pas compromettre la liberté et la sûreté de la circulation. Toute fouille restant ouverte sur le sol des voies publiques, ainsi que tout dépôt de matériaux, est éclairée et gardée au besoin pendant la nuit, jusqu'à ce que la voie publique soit débarrassée et rendue conforme au profil normal du projet.

69. — *Gares et stations.* Art. 10. Le cahier des charges indiquera si le tramway devra s'arrêter en pleine voie pour prendre ou laisser des voyageurs ou des marchandises sur tous les points du parcours, ou si, au contraire, il ne s'arrêtera qu'à des gares, stations ou haltes désignées, ou si enfin les deux modes d'exploitation seront combinés.

Dans ces deux derniers cas, si les gares, stations et haltes n'ont pas été déterminées par le cahier des charges, elles le seront lors de l'approbation des projets définitifs par l'autorité concédente, sur la proposition du concessionnaire et après enquête.

Si, pendant l'exploitation, de nouvelles stations, gares ou haltes sont reconnues nécessaires, d'accord entre l'autorité concédante et le concessionnaire, il sera procédé à à une enquête spéciale dans les formes prescrites par le règlement d'administration publique du 18 mai 1881, et l'emplacement en sera définitivement arrêté par le préfet, le concessionnaire entendu.

Le nombre, l'étendue et l'emplacement des gares d'évitement seront déterminés par le préfet, le concessionnaire entendu ; si la sécurité l'exige, le préfet pourra, pendant le cours de l'exploitation, prescrire l'établissement de nouvelles gares d'évitement, ainsi que l'augmentation des voies dans les stations et aux abords des stations.

Le concessionnaire est tenu, préalablement à tout commencement d'exécution, de soumettre au préfet le projet des gares, stations ou haltes, lequel se compose :

1° D'un plan à l'échelle de $\frac{1}{500}$ indiquant les voies, les quais, les bâtiments et leur distribution intérieure, ainsi que la disposition de leurs abords ;

2° D'une élévation des bâtiments à l'échelle d'un centimètre par mètre ;

3° D'un mémoire descriptif dans lequel les dispositions essentielles du projet sont justifiées.

70. — *Indemntiés de terrains et de dommages.* Art. 11. Tous les terrains nécessaires pour l'établissement de la voie ferrée et de ses dépendances en dehors du sol des routes et chemins, pour la déviation des voies de communication et des cours d'eau déplacés, et, en général, pour l'exécution des travaux, quels qu'ils soient, auxquels cet établissement peut donner lieu, sont achetés et payés par le concessionnaire, à moins que l'autorité qui fait concession n'ait pris l'engagement de fournir elle-même les terrains.

Les indemnités pour occupation temporaire ou pour détérioration de terrains,pour chômage, modification ou destruction d'usines et pour tous dommages quelconques résultant des travaux, sont supportées et payées par le concessionnaire.

71. — *Drois conférés au concessionnaire.* Art. 12. L'entreprise étant d'utilité publique, le concessionnaire est investi, pour l'exécution des travaux dépendant de sa concession, de tous les droits que les lois et règlements confèrent à l'administration en matière de travaux publics, soit pour l'acquisition des terrains par voie d'expropriation, soit pour l'extraction, le transport ou le dépôt des terres, matériaux, etc., et il demeure en même temps soumis à toutes les obligations qui dérivent pour l'administration de ces lois et règlements.

72.— *Servitudes militaires.* Art. 13. Dans les limites de la zone frontière et dans le rayon des servitudes des enceintes fortifiées, le concessionnaire est tenu, pour l'étude et l'exécution de ces projets, de se soumettre à l'accomplissement de toutes les formalités et de toutes les conditions exigées par les lois, décrets et règlements concernant les travaux mixtes.

73. — *Mines.* Art. 14. Si la voie ferrée traverse un sol déjà concédé pour l'exploitation d'une mine, le ministre des travaux publics détermine les mesures à prendre pour que l'établissement de cette voie ne nuise pas à l'exploitation de la mine, et, réciproquement, pour que, le cas échéant, l'exploitation de la mine ne compromette pas l'existence de la voie ferrée.

Les travaux de consolidation à faire dans l'intérieur de la mine en raison de la traversée de la voie ferrée, et tous les dommages résultant de cette traversée pour les concessionnaires de la mine, sont à la charge du concessionnaire de la voie ferrée.

74. — *Carrières.* Art. 15. Si la voie ferrée s'étend sur des terrains renfermant des carrières ou les traverse souterrainement, elle ne peut être livrée à la circulation avant que les excavations qui pourraient en compromettre la solidité aient été remblayées ou consolidées.

Le ministre des travaux publics détermine la nature et l'étendue des travaux qu'il convient d'entreprendre à cet effet, et qui sont d'ailleurs exécutés par les soins et aux frais du concessionnaire.

75. — *Contrôle et surveillance des travaux.* Art. 16. Les travaux sont soumis au contrôle et à la surveillance du préfet, sous l'autorité du ministre des travaux publics.

Ce contrôle et cette surveillance ont pour objet d'empêcher le concessionnaire de s'écarter des dispositions prescrites par le présent règlement et de celles qui résultent soit des cahiers des charges, soit des projets approuvés.

76. — *Réception des travaux.* Art. 17. A mesure que les travaux sont terminés sur des parties de voie ferrée susceptibles d'être livrées utilement à la circulation, il est procédé à la reconnaissance et, s'il y a lieu, à la réception provisoire de ces travaux par un ou plusieurs commissaires que le préfet désigne.

Sur le vu du procès-verbal de cette reconnaissance, le préfet autorise, s'il y a lieu, la mise en exploitation des parties dont il s'agit ; après cette autorisation, le concessionnaire peut mettre lesdites parties en service et y percevoir les taxes déterminées par le cahier des charges. Toutefois, ces réceptions partielles ne deviennent définitives que par la réception générale de la voie ferrée, laquelle est faite dans la même forme que les réceptions partielles.

77. — *Bornage et plan cadastral des parties en déviation.* Art. 18. Immédiatement après l'achèvement des travaux et au plus tard six mois après la mise en exploitation de la ligne ou de chaque section, le concessionnaire doit faire faire à ses frais un bornage contradictoire avec chaque propriétaire riverain, en présence du préfet et de son représentant, ainsi qu'un plan cadastral des parties de la voie ferrée et de ses dépendances qui sont situées en dehors du sol des routes et chemins. Il fait dresser également à ses frais, et contradictoirement avec les agents désignés par le préfet, un état descriptif de tous les ouvrages d'art qui ont été exécutés, ledit état accompagné d'un atlas contenant les dessins cotés de tous les ouvrages.

Une expédition dûment certifiée des procès-verbaux de bornage, du plan cadastral, de l'état descriptif et de l'atlas est dressée aux frais du concessionnaire et déposée dans les archives de la préfecture.

Les terrains acquis par le concessionnaire postérieurerement au bornage général, en vue de satisfaire aux besoins de l'exploitation, et qui, par cela même, deviennent partie intégrante de la voie ferrée, donnent lieu, au fur et à mesure de leur acquisition, à des bornages supplémentaires, et sont ajoutés sur le plan cadastral ; addition est également faite sur l'atlas de tous les ouvrages d'art exécutés postérieurement à sa rédaction.

Titre II. — Entretien et exploitation.

78. — *Entretien.* Art. 19. La voie ferrée et tout le matériel qui en dépend doivent être constamment entretenus en bon état, de manière que la circulation y soit toujours facile et sûre.

Les frais d'entretien et ceux auxquels donnent lieu les réparations ordinaires et extraordinaires de la voie ferrée sont à la charge du concessionnaire.

Sur les sections à rails noyés où la voie ferrée est accessible aux voitures ordinaires, l'entretien du pavage ou de l'empierrement de la surface affectée à la circulation du tramway est réglé, pour chaque concession, par le cahier des charges qui indique le service chargé d'exécuter cet entretien, ainsi que la répartition des dépenses.

Sur les sections où la voie ferrée n'est pas accessible aux voitures ordinaires, l'entretien, qui est à la charge du concessionnaire, comprend la surface entière des voies, augmentée d'une zone d'un mètre ($1^{m},00$), qui sera mesuré à partir de chaque rail extérieur.

Si la voie ferrée et les parties de la voie publique dont l'entretien est confié au concessionnaire ne sont pas constamment entretenues en bon état, il y est pourvu d'office à la diligence du préfet et aux frais du concessionnaire, sans préjudice, s'il y a lieu, de l'application des dispositions indiquées ci-après dans l'article 41.

Le montant des avances faites est recouvré au moyen de rôles que le préfet rend exécutoires.

79. — *Du matériel employé à l'exploitation.* Art. 20. Le matériel roulant qui est mis en circulation sur la voie ferrée doit passer librement dans le gabarit, dont les dimensions sont fixées conformément aux dispositions de l'article 4 du présent règlement.

La traction est opérée conformément aux clauses de la concession.

80. — *Machines locomotives à vapeur.* Art. 21. Les machines locomotives à vapeur sont construites sur les meilleurs modèles; elles doivent satisfaire aux prescriptions des articles 7, 8, 9, 11 et 15 de l'ordonnance du 15 novembre 1846, et, pour ce qui concerne spécialement leur générateur, aux dispositions du décret du 30 avril 1880.

Les types des machines employées, leur poids et leur maximum de charge par essieu doivent être approuvés par le préfet, sur l'avis du service du contrôle, eu égard aux besoins de l'exploitation et à la composition ainsi qu'à l'état de la voie.

Les machines sont pourvues de freins assez puissants pour que, lancées sur une pente de deux centimètres par mètres ($0^m,02$) avec une vitesse de vingt kilomètres (20 k.) à l'heure, elles puissent être arrêtées, sans le secours des freins des voitures remorquées, sur un espace de vingt mètres (20^m) au plus.

Les locomotives à feu ne doivent donner aucune odeur et ne doivent répandre sur la voie publique ni flammèches, ni escarbilles, ni cendres, ni fumée, ni eau excédente, le concessionnaire étant expressément responsable de tout incendie causé par l'emploi des machines à feu, soit sur la voie publique, soit dans les propriétés riveraines.

Aucune locomotive ne peut être mise en service qu'en vertu d'un permis spécial de circulation délivré par le préfet sur la proposition des fonctionnaires chargés du contrôle, après accomplissement des formalités prescrites pour les locomotives de chemins de fer et après vérification de l'efficacité des freins, eu égard à la vitesse de la machine et à l'inclinaison de la voie.

81. — *Autres moteurs mécaniques*. Art. 22. Les machines fixes et les machines locomotives de tout autre système que la machine locomotive à vapeur munie d'un foyer doivent satisfaire aux prescriptions spéciales arrêtées par le ministre des travaux publics.

82. — *Voitures et wagons*. Art. 23. Les voitures des voyageurs doivent satisfaire aux prescriptions des articles 8, 9, 12, 13, 14 et 15 de l'ordonnance royale du 15 novembre 1846. Elles sont suspendues sur ressorts et peuvent être à deux étages.

L'étage inférieur est complètement couvert, garni de banquette avec dossiers fermé à glaces au moins pendant l'hiver, muni de rideaux et éclairé pendant la nuit ; l'étage supérieur est garni de banquettes avec dossiers ; on y accède au moyen d'escaliers qui sont accompagnés, ainsi que les couloirs latéraux donnant accès aux places, de garde-corps solides d'au moins un mètre dix centimètres (1^m 10) de hauteur effective.

Sur les voies ferrées où la traction est opérée au moyen de locomotives, l'étage supérieur est couvert et protégé à l'avant et à l'arrière par des cloisons.

Les dossiers et les banquettes doivent être inclinés et et les dossiers sont élevés à la hauteur des épaules des voyageurs.

Il peut y avoir des places de plusieurs classes ; la disposition particulière des places de chaque classe est conforme aux prescriptions arrêtées par le préfet.

Les wagons destinés au transport des marchandises, des chevaux ou des bestiaux, les plates-formes et en général toutes les parties du matériel roulant sont de bonne et solide construction, et satisfont aux prescriptions des articles 8, 9 et 15 de l'ordonnance royale du 15 novembre 1846.

Chaque voiture sans exception est munie d'un frein puissant.

83. — *Entretien du matériel roulant.* Art. 24. Le matériel roulant et tout le matériel servant à l'exploitation sont constamment maintenus dans un bon état d'entretien et de propreté.

Si le matériel dont il s'agit n'est pas entretenu en bon état, il y est pourvu d'office, à la diligence du préfet et et aux frais du concessionnaire, sans préjudice, s'il y a lieu, des dispositions indiquées ci-après dans l'article 41.

84. — *Règles d'exploitation applicables à tous les services de tramways. — Gardiennage et signaux.* Art. 25. Le concessionnaire est tenu de prendre à ses frais, partout où la nécessité en aura été reconnue par le préfet, sur l'avis du service du contrôle, et eu égard au mode d'exploitation employé, les mesures nécessaires pour assurer la liberté et la sécurité du passage des voitures et des trains sur la voie ferrée, et celle de la circulation ordinaire sur les routes et chemins que suit ou traverse la voie ferrée.

85. — *Ateliers de réparation de la voie.* Art. 26. Lorsqu'un atelier de réparation est établi sur une voie, des signaux doivent indiquer si l'état de la voie ne permet pas le passage des voitures ou des trains, ou s'il suffit d'en ralentir la marche.

86. — *Eclairage des voitures ou des trains.* Art. 27. Toute voiture isolée ou tout train porte extérieurement un feu rouge à l'avant et un feu vert à l'arrière. Les fanaux sont à réflecteurs ; ils sont allumés au coucher du soleil et ne peuvent être éteints avant son lever.

87. — *Transports de matières dangereuses.* Art. 28. Il est interdit d'admettre dans les convois qui portent des voyageurs aucune matière pouvant donner lieu soit à des explosions, soit à des incendies.

88. — *Service des tramway à traction de chevaux.* Art. 29. Le cocher doit avoir l'appareil de manœuvre du frein sous la main ; il doit porter son attention sur l'état de la voie, sur l'approche des voitures ordinaires ou des troupeaux, et ralentir ou même arrêter la marche en cas d'obstacles, suivant les circonstances ; il doit se conformer aux signaux de ralentissement ou d'arrêt qui lui sont faits par les gardiens et ouvriers de la voie.

Le cocher est muni d'une trompe ou d'un cornet, ou de tout autre instrument du même genre, afin de signaler son approche.

Dans les tramways à service de voyageurs, le cocher doit se trouver en communication, au moyen d'un signal d'arrêt, soit avec le receveur, soit avec les voyageurs dans les voitures où il n'y a pas de receveur.

89. — *Services des tramways à traction mécanique.* Art. 30. Sur les lignes de tramways à traction mécanique, la longueur des trains ne peut dépasser soixante mètres (60^{m}). Sous la réserve de cette condition, qui est de rigueur, tout convoi ordinaire de voyageurs doit contenir des voitures ou des compartiments de toutes classes en nombre suffisant pour le service du public.

90. — *Compositions des trains.* Les machines et voitures entrant dans la composition de tous les trains sont liées entre elles par des attaches rigides, avec ressorts.

91. — *Compositions des trains.* — *Machines.* Art. 31. Les machines sont placées en tête des trains. Il ne peut être dérogé à cette disposition que pour les manœuvres à exécuter dans les stations ou pour le cas de secours ; dans ces cas spéciaux, la vitesse ne doit pas dépasser cinq kilomètres à l'heure (5 k).

Les trains sont remorqués par une seule machine, sauf à la montée des rampes de forte inclinaison ou en cas d'accident.

Il est, dans tous les cas, interdit d'atteler simultanément plus de deux machines à un train ; la machine placée en tête règle la marche du train, dont la vitesse ne doit jamais dépasser dix kilomètres à l'heure(10 k) dans le cas d'un double attelage.

92. — *Personnel des trains*. Art. 32. Chaque machine à feu est conduite par un mécanicien et un chauffeur.

Il ne peut être employé que des mécaniciens agréés par le préfet, sur le rapport du service du contrôle.

Le chauffeur doit être capable d'arrêter la machine en cas de besoin.

Chaque train est accompagné, en outre, du nombre de conducteurs gardes-freins qui sera jugé nécessaire ; il y a d'ailleurs, en tous cas, sur la dernière voiture, un conducteur qui est mis en communication avec le mécanicien.

Lorsqu'il y a plusieurs conducteurs dans un train, l'un d'eux doit avoir autorité sur les autres.

Avant le départ du train, le mécanicien s'assure si toutes les parties de la locomotive sont en bon état et, particulièrement, si le frein fonctionne convenablement. Il ne doit mettre le train en marche que lorsque le conducteur chef du train a donné le signal du départ.

En marche, le mécanicinn doit porter son attention sur l'état de la voie, sur l'approche des voitures ordinaires ou des troupeaux, et ralentir ou même arrêter en cas d'obstacles, suivant les circonstances ; il doit se conformer aux signaux qui lui sont faits par les gardiens et ouvriers de la voie.

Cet agent signale l'approche du train au moyen d'une trompe, d'une cloche ou de tout autre instrument du même genre, à l'exclusion dusifflet à vapeur.

Dans les tramways à service de voyageurs, le mécanicien doit se trouver en communication, au moyen d'un signal d'arrêt, soit avec le receveur ou employé, soit avec les voyageurs.

Aucune personne autre que le mécanicien et le chauffeur ne peut monter sur la locomotive, à moins d'une permission spéciale et écrite du directeur d'exploitation de la voie ferrée. Sont exceptés de cette interdiction les fonctionnaires chargés de la surveillance.

93. — *Marche des trains.* Art. 33. Le préfet détermine, sur la proposition du concessionnaire, le minimum et le maximum de la vitesse des convois de voyageurs et de marchandises sur les différentes sections de la ligne, ainsi que le tableau du service des trains.

La vitesse des trains, en marche, ne peut dépasser vingt kilomètres à l'heure (20 kil.). Cette vitesse doit d'ailleurs être diminuée dans la traversée des lieux habités, ou en cas d'encombrement de la route.

Le mouvement doit également être ralenti ou même arrêté toutes les fois que l'arrivée d'un train, effrayant les chevaux ou autres animaux, pourrait être la cause de désordres et occasionner des accidents.

Les trains ne peuvent stationner en dehors des gares que durant le temps strictement nécessaire pour les besoins du service.

Les locomotives ou les voitures isolées ne peuvent stationner sur les voies affectées à la circulation.

Il est expressément interdit d'effectuer le nettoyage des grilles sur la voie publique.

94. — *Accidents.* Art. 34. Des machines dites de secours ou de réserve doivent être entretenues constamment en feu et prêtes à partir, sur les lignes et aux points qui sont désignés par le préfet.

Il y a constamment au lieu de dépôt des machines une

voiture chargée de tous les agrès et outils nécessaires en cas d'accident.

Chaque train doit d'ailleurs être muni des outils les plus indispensables.

Aux stations ou bureaux de contrôle et d'attente désignés par le préfet ; le concessionnaire entretiendra les médicaments et moyens de secours nécessaires en cas d'accident.

Titre III. — Police et surveillance.

95. — *Des mesures concernant les personnes étrangères au service des voies ferrées.* Art. 35. Il est défendu à toute personne étrangère au service de la voie ferrée :

1° De déranger, altérer ou modifier, sous quelque prétexte que ce soit, la voie ferrée et les ouvrages qui en dépendent :

2° De stationner sur la voie ferrée ou d'y faire stationner des voitures ;

3° D'y laisser séjourner des chevaux, bestiaux ou animaux d'aucune sorte ;

4° D'y jeter ou déposer aucuns matériaux ni objets quelconques ;

5° D'emprunter les rails de la voie ferrée pour la circulation de voitures étrangères au service.

Tout conducteur de voiture doit, à l'approche d'un train ou d'une voiture appartenant au service de la voie ferrée, prendre en main les guides ou le cordeau de son équipage, de façon à se rendre maître de ses chevaux, dégager immédiatement la voie, et s'en écarter de manière à livrer toute la largeur nécessaire au passage du matériel de la voie ferrée.

Tout conducteur de troupeau doit écarter les bestiaux de la voie ferrée à l'approche d'un train ou d'une voiture appartenant au service de cette voie.

96. — *Des mesures concernant les voyageurs.* Art. 36. Il est défendu aux voyageurs :

1° D'entrer dans les voitures ou d'en sortir pendant la marche et autrement que par la portière réservée à cet effet ;

2° De passer d'une voiture dans une autre, de se pencher au dehors, de stationner debout sur les impériales pendant la marche.

Il est interdit d'admettre dans les voitures plus de voyageurs que ne le comporte le nombre de places indiqué dans chaque compartiment.

L'entrée des voitures est interdite :

1° A toute personne en état d'ivresse ;

2° A tous individus porteurs d'armes à feu chargées, ou de paquets qui, par leur nature, leur volume ou leur odeur, pourraient gêner ou incommoder les voyageurs. Tout individu porteur d'une arme à feu doit, avant son admission dans les voitures, faire constater que son arme n'est point chargée.

Aucun chien n'est admis dans les voitures servant au transport des voyageurs ; toutefois, la compagnie peut placer dans des compartiments spéciaux les voyageurs qui ne voudraient pas se séparer de leurs chiens, pourvu que ces animaux soient muselés en quelque saison que ce soit.

97. — *Expédition de matières dangereuses.* Art. 37. Les personnes qui veulent expédier des marchandises considérées comme pouvant être une cause d'explosion ou d'incendie, d'après la classification du décret du 12 août 1874, doivent en faire la déclaration formelle au moment où elles les livrent au service de la voie ferrée.

Les expéditeurs doivent se conformer, en ce qui concerne l'emballage et les marques des colis dangereux, aux prescriptions du décret précité.

98. — *Affichage du service des voies ferrées.* Art. 38. Des affiches placées dans les stations et dans les bureaux d'attente et de contrôle font connaître au public les heures de départ des convois ordinaires, les stations qu'ils doivent desservir, les heures auxquelles ils doivent arriver à ces stations et en partir.

Si l'exploitation de la ligne comporte des arrêts en pleine voie, afin de prendre ou de laisser, soit des voyageurs, soit des marchandises, ces affiches font connaître cette circonstance en n'annonçant dans ce cas que les heures de départ des stations extrêmes.

99. — *Contrôle et surveillance de l'exploitation.* Art. 39. Le préfet nomme les agents chargés du contrôle et de la surveillance prévus par l'article 21 de la loi du 11 juin 1880.

Ces agents ont notamment pour mission :

1° En ce qui concerne l'exploitation commerciale :

De surveiller le mode d'application des tarifs approuvés et l'exécution des mesures prescrites pour la réception et l'enregistrement des colis, leur transport et leur remise aux destinataires ;

De veiller à l'exécution des mesures prescrites pour que le service des transports ne soit pas interrompu aux points extrêmes de lignes en communication l'une avec l'autre ;

De vérifier les conditions des traités qui seraient passés par les compagnies avec les entreprises de transport par terre ou par eau en correspondance avec la voie ferrée et de signaler toutes les infractions au principe de l'égalité des taxes ;

De constater le mouvement de la circulation des voyageurs et des marchandises, les dépenses d'entretien et d'exploitation, et les recettes.

2° En ce qui concerne l'exploitation technique :

De vérifier l'état de la voie de fer, des terrassements, des ouvrages d'art et du matériel roulant, et de veiller à l'exécution des règlements relatifs à la police et à la sûreté de la circulation.

3° En ce qui concerne la police :

De surveiller la composition, le départ, l'arrivée, la marche et le stationnement des trains, l'observation des règlements de police, tant par le public que par le concessionnaire, sur les voies publiques empruntées par la voie ferrée, l'entrée, le stationnement et la circulation des voitures dans les cours et stations, l'admission du public dans les gares et sur les quais de la voie ferrée.

Les concessionnaires sont tenus de fournir des locaux convenables aux agents du contrôle spécialement désignés par le préfet. Ils sont aussi tenus de présenter aux agents du contrôle, à toute réquisition, les registres de dépenses et de recettes relatifs à l'exploitation commerciale, ainsi que les registres de réception et d'expédition des colis.

Toutes les fois qu'il arrive un accident sur la voie ferrée, il en est fait immédiatement déclaration, par le chef de train, à l'agent du contrôle dont le poste est le plus voisin. Le préfet et le chef du contrôle en sont immédiatement informés par les soins du concessionnaire.

Outre la surveillance ordinaire, le préfet délègue, aussi souvent qu'il le juge utile, un ou plusieurs commissaires à l'effet de reconnaître et de constater l'état de la voie ferrée, de ses dépendances et de son matériel, et à l'effet d'exercer une surveillance spéciale sur tout ce qui ne rentre pas dans les attributions des agents du contrôle.

100. — *Règlements de police et d'exploitation.* Art. 40. Le concessionnaire est tenu, ainsi que le public, de se conformer aux prescriptions des arrêtés qui sont pris par les préfets pour l'exécution des dispositions qui précèdent.

Toutes les dépenses qu'entraîne l'exécution de ces prescriptions sont à la charge du concessionnaire.

Le concessionnaire est tenu de soumettre à l'approbation du préfet les règlements de service intérieur relatifs à l'exploitation de la voie ferrée.

Les règlements dont il s'agit sont obligatoires non seulement pour le concessionnaire, mais encore pour tous ceux qui obtiendront ultérieurement l'autorisation d'établir des lignes ferrées d'embranchement ou de prolongement, et en général pour toutes les personnes qui emprunteront l'usage du chemin de fer.

101. — *Interruption de l'exploitation.* Art. 41. Si l'exploitation de la voie ferrée vient à être interrompue en totalité ou en partie, si le mauvais état de la voie ou du matériel roulant compromet la sécurité du public, si le mauvais entretien de la partie de la route dont le concessionnaire doit prendre soin compromet la sécurité publique, le préfet prend immédiatement, aux frais et risques du concessionnaire, les mesures nécessaires afin d'assurer provisoirement le service.

Si, dans les trois mois de l'organisation du service provisoire, le concessionnaire n'a pas valablement justifié qu'il est en état de reprendre et de continuer l'exploitation, et s'il ne l'a pas effectivement reprise, la déchéance peut être prononcée par le ministre des travaux publics, sauf recours au conseil d'État par voie contentieuse.

Il est pourvu tant à la continuation et à l'achèvement des travaux qu'à l'exécution des autres engagements contractés par le concessionnaire au moyen d'une adjudication qui sera ouverte sur une mise à prix des ouvrages exécutés, des matériaux approvisionnés et des parties de la voie ferrée déjà livrées à l'exploitation.

Nul ne sera admis à concourir à cette adjudication s'il n'a été préalablement agréé par le préfet.

A cet effet, les personnes qui voudraient concourir seront tenues de déclarer, dans le délai qui sera fixé, leur intention par un écrit déposé à la préfecture et accompagné des pièces propres à justifier des ressources nécessaires pour remplir les engagements à contracter.

Ces pièces seront examinées par le préfet en conseil de préfecture. Chaque soumissionnaire sera informé de la décision prise en ce qui le concerne, et, s'il y a lieu, du jour de l'adjudication.

Les personnes qui auront été admises à concourir devront faire, soit à la caisse des dépôts et consignations, soit à la caisse du trésorier-payeur général du département, le dépôt de garantie, qui devra être égal au moins au trentième de la dépense à faire par le concessionnaire.

L'adjudication aura lieu suivant les formes indiquées aux articles 11, 12, 13, 15 et 16 de l'ordonnance royale du 10 mai 1829.

Les soumissions ne pourront pas être inférieures à la mise à prix.

L'adjudicataire sera substitué aux charges et aux droits du concessionnaire évincé ; il recevra notamment les subventions de toute nature à écheoir aux termes de l'acte de concession ; le concessionnaire évincé recevra de lui le prix que la nouvelle adjudication aura fixé.

La partie du cautionnement qui n'aura pas encore été restituée deviendra la propriété de l'autorité qui a fait la concession.

Si l'adjudication ouverte n'amène aucun résultat, une seconde adjudication sera tentée sur les mêmes bases après un délai de trois mois ; si cette seconde tentative reste également sans résultat, le concessionnaire sera définitivement déchu de tous droits, et alors les ouvrages exécutés, les matériaux approvisionnés et les parties de voie ferrée déjà livrées à l'exploitation appartiendront à l'autorité qui a fait la concession.

Titre IV. — Dispositions diverses.

102. — *Construction de nouvelles voies de communication.* Art. 42. Dans le cas où le Gouvernement ordonne ou autorise la construction de routes nationales, départementales ou vicinales, de chemins de fer ou de canaux qui traversent une ligne concédée, le concessionnaire ne peut s'opposer à ces travaux ; mais toutes les dispositions nécessaires sont prises pour qu'il n'en résulte aucun obstacle à la construction ou au service de la voie ferrée, ni aucuns frais pour le concessionnaire.

103. — *Concessions ultérieures de nouvelles lignes.* Art. 43. Toute exécution ou autorisation ultérieure de route, de canal, de chemin de fer, de travaux de navigation dans la contrée où est située une voie ferrée qui a fait l'objet d'une concession, ou dans toute autre contrée voisine ou éloignée, ne peut donner ouverture à aucune demande d'indemnité de la part du concessionnaire.

104. — *Retrait d'autorisation.* Art. 44. L'autorisation d'établir ou de maintenir une voie ferrée sur le sol des voies publiques peut être retirée à toute époque, en totalité ou en partie, dans les formes suivies pour la concession, lorsque la nécessité en a été reconnue dans l'intérêt public par le Gouvernement, après une enquête : le tout sous réserve de l'application des articles 6 et 11 de la loi du 11 juin 1880.

105. — *Réserves sous lesquelles le concessionnaire est admis à emprunter le sol des voies publiques.* Art. 45. Le concessionnaire n'est admis à réclamer aucune indemnité :

Ni à raison des dommages que le roulage ordinaire pourrait occasionner aux ouvrages de la voie ferrée ;

Ni à raison de l'état de la chaussée et des conséquences qui pourraient en résulter pour l'état et l'entretien de la voie :

Ni enfin pour une cause quelconque résultant de l'usage de la voie pnblique.

Les indemnités dues à des tiers pour des dommages pouvant résulter de la construction ou de l'exploitation de la voie ferrée sont entièrement à la charge du con cessionnaire.

Art. 46. En cas d'interruption de la voie ferrée par suite de travaux exécutés sur la voie publique, le concessionnaire peut être tenu de rétablir provisoirement les communications, soit en déplaçant momentanément ses voies, soit en employant pour la traversée de l'obstacle des voitures ordinaires qui puissent le tourner en suivant d'autres lignes.

106. — *Concessions de voie de fer d'embranchement et de prolongement.* Art. 47. Le Gouvernement, le département et les communes ont le droit de concéder de nouvelles voies de fer s'embranchant sur une voie ferrée déjà concédée, ou à établir en prolongement de la même voie.

Le concessionnaire de la ligne principale ne peut s'opposer à l'exécution de ces embranchements, ni réclamer, à l'occasion de leur établissement, une indemnité quelconque, pourvu qu'il n'en résulte aucun obstacle à la circulation ni aucuns frais particuliers pour son entreprise.

Les concessionnaires des voies de fer d'embranchement ou de prolongement ont la faculté, moyennant l'observation du paragraphe Ier de l'article 20 du présent règlement, et des règlements de police et de service qui régissent la ligne principale, et moyennant les tarifs du cahier des charges de cette dernière ligne, de faire circuler leurs voitures, wagons et machines sur la ligne principale. Cette faculté est réciproque à l'égard desdits embranchements et prolongements.

Dans le cas où les divers concessionnaires ne peuvent s'entendre sur l'exercice de cette faculté, le ministre des travaux publics statue sur les difficultés qui s'élèvent entre eux à cet égard.

Le concessionnaire d'une voie ferrée ne peut toutefois être tenu d'admettre sur ses rails un matériel dont le poids serait hors de proportion avec les éléments constitutifs de ces voies.

Dans le cas où un concessionnaire d'embranchement ou de prolongement joignant la ligne principale n'use pas de la faculté de circuler sur cette ligne, comme aussi dans le cas où le concessionnaire de cette dernière ligne ne veut pas circuler sur les prolongements et embranchements, ces concessionnaires sont tenus de s'arranger entre eux de manière que le service de transport ne soit jamais interrompu aux points de jonction des diverses lignes.

Celui des concessionnaires qui se sert d'un matériel qui n'est pas sa propriété paye une indemnité en rapport avec l'usage et la détérioration de ce matériel. Dans le cas où les concessionnaires ne se mettent pas d'accord sur la quotité de l'indemnité ou sur les moyens d'assurer la continuation du service sur toutes les lignes, l'administration y pourvoit d'office et prescrit toutes les mesures nécessaires.

107. — *Gares communes*. Le concessionnaire est tenu, si l'autorité compétente le juge convenable, de partager l'usage des stations établies à l'origine des voies de fer d'embranchement avec les compagnies qui deviendraient concessionnaires desdits embranchements.

Il est fait un partage équitable des frais résultant de l'usage commun desdites gares, et les sommes à payer par les compagnies nouvelles sont, en cas de dissentiment, réglées par voie d'arbitrage.

En cas de désaccord sur le principe ou l'exercice de l'usage commun des gares, il est statué par le ministre des travaux publics, les concessionnaires entendus.

108. — *Embranchements industriels.* Art. 48. Le concessionnaire de toute voie ferrée affectée au transport des marchandises est tenu de s'entendre avec tout propriétaire de carrières, de mines ou d'usines qui, offrant de se soumettre aux conditions prescrites ci-après, demande un embranchement ; à défaut d'accord, le préfet statue sur la demande, le concessionnaire entendu.

Les embranchements sont construits aux frais des propriétaires de carrières, de mines et d'usines, et de manière qu'il ne résulte de leur établissement aucune entrave à la circulation générale, aucune cause d'avarie pour le matériel, ni aucuns frais particuliers pour le service de la ligne principale.

Leur entretien est fait avec soin, aux frais de leurs propriétaires et sous le contrôle du préfet. Le concessionnaire a le droit de faire surveiller par ses agents ce entretien, ainsi que l'emploi de son matériel sur les embranchements.

Le préfet peut, à toute époque, prescrire les modifications qui sont jugées utiles dans la soudure, le tracé ou l'établissement de la voie desdits embranchements et les changements sont opérés aux frais des propriétaires.

Le préfet peut même, après avoir entendu les propriétaires, ordonner l'enlèvement temporaire des aiguilles de soudure, dans le cas où les établissements embranchés viendraient à suspendre, en tout ou en partie, leurs transports.

Le concessionnaire est tenu d'envoyer ses wagons sur tous les embranchements autorisés destinés à faire communiquer des établissements de carrières, de mines ou d'usines avec la ligne principale.

Le concessionnaire amène ses wagons à l'entrée des embranchements.

Les expéditeurs ou destinataires font conduire les wagons dans leurs établissements pour les charger ou les décharger, et les ramènent au point de jonction avec la ligne principale, le tout à leurs frais.

Les wagons ne peuvent d'ailleurs être employés qu'au transport d'objets et marchandises destinés à la ligne principale.

Le temps pendant lequel les wagons séjournent sur les embranchements particuliers ne peut excéder six heures lorsque l'embranchement n'a pas plus d'un kilomètre. Ce temps est augmenté d'une demi-heure par kilomètre en sus du premier, non compris les heures de la nuit, depuis le coucher jusqu'au lever du soleil.

Dans le cas où les limites de temps sont dépassées nonobstant l'avertissement spécial donné par le concessionnaire, il peut exiger une indemnité égale à la valeur du droit de loyer des wagons, pour chaque période de retard après l'avertissement.

S'il est jugé nécessaire par le préfet, statuant sur l'avis du service du contrôle, d'établir un gardien aux aiguilles d'un embranchement industriel, le traitement de cet agent est à la charge du propriétaire de l'embranchement; mais il est nommé et payé par le concessionnaire.

En cas de difficulté, il est statué par l'administration, le concessionnaire entendu.

Les propriétaires d'embranchement sont responsables des avaries que le matériel peut éprouver pendant son parcours ou son séjour sur ces lignes.

Dans le cas d'inexécution d'une ou de plusieurs des conditions énoncées ci-dessus, le préfet peut, sur la plainte du concessionnaire et après avoir entendu le propriétaire de l'embranchement, ordonner par un arrêté la suspension du service et faire supprimer la soudure, sauf recours à l'administration supérieure, et sans préjudice de tous dommages-intérêts que le concessionnaire serait en droit de répéter pour la non-exécution de ces conditions.

Le concessionnaire est indemnisé de la fourniture et de l'envoi de son matériel sur les embranchements par la perception du tarif qui est fixé par son cahier des charges pour chaque kilomètre parcouru.

Tout kilomètre entamé est payé comme s'il avait été parcouru en entier.

Le chargement et le déchargement sur les embranchements s'opèrent aux frais des expéditeurs ou destinataires, soit qu'ils les fassent eux-mêmes, soit que la compagnie du tramway consente à les opérer.

Dans ce dernier cas, ces frais sont l'objet d'un règlement arrêté par le préfet, sur la proposition du concessionnaire.

Tout wagon envoyé par le concessionnaire sur un embranchement doit être payé comme wagon complet, lors même qu'il ne serait pas complétement chargé.

La surcharge, s'il y en a, est payée au prix du tarif légal et au prorata du poids réel. Le concessionnaire est en droit de refuser les chargements qui dépasseraient le maximum déterminé par son cahier des charges.

Ce maximum sera revisé par le préfet de manière à être toujours en rapport avec la capacité des wagons.

Les wagons sont pesés à la station d'arrivée par les soins et aux frais du concessionnaire.

109. — *Contribution foncière.* Art. 49. La contribution foncière pour les dépendances situées en dehors de l'assiette des routes, chemins et autres voies publiques, est établie en raison de la surface occupée par ces dépendances ; la cote en est calculée comme pour les canaux, conformément à la loi du 25 avril 1803.

Les bâtiments et magasins dépendant de l'exploitation de la voie ferrée sont assimilés aux propriétés bâties de la localité. Toutes les contributions auxquelles ces édifices peuvent être soumis sont, aussi bien que la contribution foncière, à la charge du concessionnaire.

110. — *Agents du concessionnaire.* Art. 50. Les agents et gardes que le concessionnaire établit, soit pour la perception des droits, soit pour la surveillance et la police de la voie de fer et de ses dépendances, peuvent être assermentés, et sont, dans ce cas, assimilés aux gardes champêtres. Ces agents sont revêtus d'un uniforme ou sont porteurs d'un signe distinctif.

111. — *Comptes rendus statistiques annuels et trimestriels.* Art. 51. Tout concessionnaire doit adresser chaque année au préfet des états statistiques conformes aux modèles qui seront arrêtés par le ministre des travaux publics et qui comprennent les renseignements relatifs à l'année entière (du 1er janvier au 31 décembre).

Cet envoi est fait le 15 avril de chaque année au plus tard. Les renseignements fournis par le concessionnaire peuvent être publiés.

Indépendamment de ces états annuels, le compte rendu des résultats de l'exploitation, comprenant les dépenses d'établissement et d'exploitation et les recettes brutes, est remis au préfet dans le mois qui suit l'expiration de chaque trimestre. Ce compte rendu est dressé en trois expéditions, destinées au préfet, au représentant de l'autorité qui a donné la concession, et au ministre des travaux publics ; il est publié, au moins par extraits, dans le *Journal officiel*, conformément aux prescriptions de l'article 19 de la loi du 11 juin 1880.

112. — *Frais de controle.* Art. 51. Les frais de visite, de surveillance et de réception des travaux, et les frais de contrôle de l'exploitation sont supportés par le concessionnaire.

Afin de pourvoir à ces frais, le concessionnaire est

tenu de verser chaque année, à la caisse centrale du tré sorier-payeur général du département, la somme qui es fixée dans le cahier des charges de la concession par chaque kilomètre de voie ferrée concédé.

Si le concessionnaire ne verse pas la somme ci dessus réglée aux époques fixées, le préfet rend un rôle exécutoire, et le montant en est recouvré comme en matière de contributions publiques.

113. — *Registre des réclamations.* Art 53. Il est tenu dans chaque station et dans chaque bureau d'attente un registre, coté et parafé par le maire de la commnne, lequel est destiné à recevoir les réclamations des personnes (voyageurs au autres) qui auraient des plaintes à former, soit contre le concessionnaire, soit contre ses agents.

Ce registre est présenté à toute réquisition du public ; il est visé par les agents du service du contrôle et de surveillance administrative.

114. — *Propositions du concessionnaire.* Art. 54. Dans tous les cas où, conformément aux dispositions du présent règlement, le préfet doit statuer sur la proposition d'un concessionnaire, celui-ci est tenu de lui soumettre cette proposition dans le délai qui a été déterminé, faute de quoi le préfet peut statuer directement.

Si le préfet pense qu'il y a lieu de modifier la proposition du concessionnaire, il doit, sauf le cas d'urgence, entendre celui-ci avant de prescrire les modifications dont il s'agit.

115. — *Affichage et publication du présent règlement.* Art. 55. Des exemplaires du présent règlement, ainsi que des articles de l'ordonnance royale du 15 novembre 1846, du décret du 30 avril 1880 et du décret du 12 août 1874, auxquels il se réfère, sont constamment affichés, à la diligence du concessionnaire, aux abords des bureaux des voies ferrées qui empruntent le sol des voies publiques ainsi que dans les salles d'attente.

Le conducteur ou receveur de toute voiture, le conducteur principal de tout train en marche sont munis d'un exemplaire du règlement. Les extraits sont délivrés, chacun pour ce qui le concerne, aux cochers, receveurs, mécaniciens, chauffeurs, gardes-freins et autres agents employés sur la voie ferrée.

Des extraits, en ce qui concerne les règles à observer par les voyageurs pendant le trajet, sont placés dans chaque caisse de voiture.

116. — *Constatation et poursuite des contraventions.* Art. 56. Sont constatées, poursuivies et réprimées conformément aux dispositions de la loi du 15 juillet 1845, qui ont été rendues applicables aux tramways par l'article 37 de la loi du 11 juin 1880, les contraventions au présent règlement, aux décisions ministérielles et aux arrêtés pris par les préfets pour l'exécution de ce règlement.

Art. 57. Les dispositions du présent règlement sont applicables aux chemins de fer d'intérêt local sur les sections où ces chemins de fer empruntent le sol des voies publiques, sans préjudice de l'application de l'ordonnance du 15 novembre 1846.

117. — *Exécution du présent règlement.* Art. 58. Le ministre des travaux publics est chargé de l'exécution du présent décret, qui sera inséré au *Bulletin des lois* et au *Journal officiel.*

Fait à Paris, le 9 août 1881.

JULES GRÉVY.

Par le président de la République :

Le ministre des travaux publics,

SADI CARNOT.

Le Président de la République française,

Sur le rapport du ministre des travaux publics ;

Vu l'article 2 de la loi du 11 juin 1880, aux termes duquel le conseil général arrête la direction des chemins de fer d'intérêt local, le mode et les conditions de leur construction, ainsi que les traités et les dispositions nécessaires pour en assurer l'exploitation, en se conformant aux clauses et conditions du cahier des charges type approuvé par le conseil d'Etat, sauf les modifications qui seront apportées par la convention et la loi d'approbation ;

Vu l'instruction à laquelle a donné lieu la préparation du cahier des charges type prévu par la loi sus-visée ;

Le conseil d'Etat entendu,

Décrète :

Art. 1er. Est approuvé le cahier des charges type ci-annexé, dressé en exécution de l'article 2 de la loi du 11 juin 1880, pour la concession des chemins de fer d'intérêt local.

Art. 2. Le ministre des travaux publics est chargé de l'exécution du présent décret.

Fait à Paris, le 6 août 1881.

JULES GRÉVY.

Par le Président de la République :

Le ministre des travaux publics,

SADI CARNOT.

CAHIER DES CHARGES TYPE

POUR LA CONCESSION DES CHEMINS DE FER D'INTÉRÊT LOCAL ([1]).

Titre Ier. — Tracé et construction.

118. — *Tracé.* Art. 1er. Le chemin de fer d'intérêt local qui fait l'objet du présent cahier des charges partira de
passera à ou près

119. — *Délais d'exécution.* Art. 2. Les travaux devront être commencés dans un délai de
à partir de la loi déclarative d'utilité publique. Ils seront poursuivis de telle façon que *la section de*
à soit livrée à l'exploitation le
la section de *à*
le et la ligne entière le

120. — *Approbation des projets.* Art. 3. Aucun travail ne pourra être entrepris pour l'établissement du chemin de fer et de ses dépendances sans que les projets en aient été approuvés, conformément à l'article 3 de la loi du 11 juin 1880, pour les projets d'ensemble, par le *conseil général*, et, pour les projets de détail des ouvrages, par le préfet, sous réserve de l'approbation spéciale du ministre des travaux publics, dans le cas où les travaux

[1] La présente formule-type est rédigée dans l'hypothèse d'une concession conférée par un *département*. Ce mot sera modifié partout où il est imprimé *en italique* dans le cas où la concession émanerait d'une *commune*. (Articles 1er et 2 de la loi du 11 juin 1880.) On a aussi imprimé *en italique* les autres mots et chiffres qui peuvent être modifiés suivant les circonstances.

affecteraient des cours d'eau ou des chemins dépendant de la grande voierie.

A cet effet les projets d'ensemble, comprenant le tracé, les terrassements et l'emplacement des stations, seront remis au préfet, dans les *six* mois au plus tard de la date de la loi déclarative d'utilité publique.

Le préfet, après avoir pris l'avis de l'ingénieur en chef du département, soumettra ces projets au *conseil général* qui statuera définitivement, sauf le droit réservé au ministre des travaux publics par le paragraphe 2 de l'article 3 de la loi, d'appeler le conseil général à statuer à nouveau sur lesdits projets.

L'une des expéditions des projets ainsi approuvés sera remise au concessionnaire avec la mention de la décision approbative du *conseil général* ; l'autre restera entre les mains du préfet.

Avant comme pendant l'exécution, le concessionnaire aura la faculté de proposer aux projets approuvés les modifications qu'il jugerait utiles, mais ces modifications ne pourront être exécutées que moyennant l'approbation de l'autorité compétente.

121. — *Projets antérieurs.* Art. 4. Le concessionnaire pourra prendre copie, sans déplacement, de tous les plans, nivellements et devis qui auraient été antérieurement dressés aux frais du *département.*

122. — *Pièces à fournir.* Art. 5. Les projets d'ensemble qui doivent être produits par le concessionnaire comprennent, pour la ligne entière ou pour chaque section de la ligne :

1° Un extrait de la carte au 1/80,000 ;

2° Un plan général à l'échelle de 1/10,000 ;

3° Un profil en long à l'échelle de 1/5,000 pour les longueurs et de 1/1,000 pour les hauteurs, dont les côtes seront rapportées au niveau moyen de la mer, pris pour plan de comparaison. Au-dessous de ce profil, on indiquera, au moyen de trois lignes horizontales disposées à cet effet, savoir :

— Les distances kilométriques du chemin de fer, comptées à partir de son origine ;

— La longueur et l'inclinaison de chaque pente en rampe ;

— La longueur des parties droites et le développement des parties courbes du tracé, en faisant connaître le rayon correspondant à chacune de ces dernières ;

4° Un certain nombre de profils en travers, à l'échelle de 0m 005 pour mètre et le profil type de la voie à l'échelle de 0m02 pour mètre ;

5° Un mémoire dans lequel seront justifiées toutes les dispositions essentielles du projet et un devis descriptif dans lequel seront reproduites, sous forme de tableaux, les indications relatives aux déclivités et aux courbes déjà données sur le profil en long.

La position des gares et stations projetées, celles des cours d'eau et des voies de communication traversés par le chemin de fer, des passages soit à niveau, soit en dessus, soit en dessous de la voie ferrée, devront être indiquées tant sur le plan que sur le profil en long ; le tout sans préjudice des projets à fournir pour chacun de ces ouvrages.

123. — *Acquisitions de terrains. — Ouvrages d'art. — Etablissement de la deuxième voie.* Art. 6 [1]. Les ter-

[1] Dans le cas où les dispositions de cet article ne paraîtront pas suffisantes, on pourra les remplacer par celles-ci :

Les terrains seront acquis, les ouvrages d'art et les terrassements seront exécutés et les rails seront posés pour deux voies.

Néanmoins, le concessionnaire pourra être autorisé, à titre provisoire, à exécuter les terrassements et à ne poser les rails que pour une seule voie.

Les terrains acquis pour l'établissement du chemin de fer ne pourront pas recevoir une autre destination.

rains seront acquis, les ouvrages d'art et les terrassements seront exécutés et les rails seront posés pour une voie seulement, sauf l'établissement d'un certain nombre de gares d'évitement.

Le concessionnaire sera tenu d'exécuter à ses frais une seconde voie, lorsque la recette brute kilométrique aura atteint le chiffre de [1] francs pendant une année.

En dehors du cas prévu par le paragraphe précédent, il pourra, à toute époque de la concession être requis par le préfet au nom *du département* et par le ministre des travaux publics au nom de l'État, d'exécuter et d'exploiter une seconde voie sur tout ou partie de la ligne, moyennant le remboursement des frais d'établissement de ladite voie.

Si les travaux de la double voie requise ne sont pas commencés et poursuivis dans les délais et conditions prescrits par la décision qui les a ordonnés, l'administration pourra mettre le chemin de fer tout entier sous sequestre et exécuter elle-même les travaux.

Les terrains acquis pour l'établissement du chemin de fer ne pourront pas recevoir une autre destination.

124. — *Largeur de la voie. Gabarit du matériel roulant.* Art. 7. La largeur de la voie entre les bords intérieurs des rails devra être de [2]

La largeur des locomotives et des caisses des véhicules ainsi que de leur chargement ne dépassera pas [3] ; et la largeur du matériel roulant, y compris toutes saillies, notamment celles des marchepieds latéraux, restera in-

[1] A déterminer dans chaque cas particulier. On admet généralement le chiffre de 35,000 fr.

[2] 1 m. 44, 1 m. ou 0 m. 75.

[3] Largeur à déterminer dans chaque cas particulier ; toutefois, on n'admettra pas plus de 2 m. 80 pour la voie de 1 m. 44, ni de 2 m. 50 pour la voie de 1 mètre, ni de 1 m. 875 pour la voie de 75 centimètres.

férieure à [1] ; la hauteur du matériel roulant au-dessus des rails sera au plus de [2]

Dans les parties à deux voies, la largeur de l'entrevoie, mesurée entre les bords extérieurs des rails, sera de [3]

La largeur des accotements, c'est à dire des parties comprises de chaque côté entre le bord extérieur du rail et l'arête supérieure du ballast sera de [4]

L'épaisseur de la couche de ballast sera d'au moins trente-cinq centimètres ($0^{m}35$), et l'on ménagera, au pied de chaque talus du ballast, une banquette de largeur telle que l'arête de cette banquette se trouve à quatre-vingt-dix centimètres ($0^{m}90$) au moins de la verticale de la partie la plus saillante du matériel roulant.

Le concessionnaire établira le long du chemin de fer les fossés ou rigoles qui seront jugés nécessaires pour l'asséchement de la voie et pour l'écoulement des eaux.

Les dimensions de ces fossés et rigoles seront déterminées par le préfet, suivant les circonstances locales, sur les propositions du concessionnaire.

125. — *Alignements et courbes. Pentes et rampes.*
Art. 8. Les alignements seront raccordés entre eux par

[1] Largeur à déterminer dans chaque cas particulier ; toutefois on n'admettra pas plus de 3 m. 10 pour la voie de 1 m. 44, ni de 2 m. 80 pour la voie de 1 mètre, ni de 2 m. 175 pour la voie de 75 centimètres.

C'est cette dernière dimension, égale à la plus grande largeur du gabarit du matériel roulant, qui servira à déterminer la largeur de la plate-forme et des ouvrages d'art.

[2] 4 m. 20 pour la voie de 1 m. 44 ; hauteur à déterminer dans chaque cas particulier pour les autres voies.

Cette dimension servira à fixer l'élévation des ouvrages d'art qui seront établis au-dessus du chemin de fer.

[3] La largeur de l'entrevoie sera telle qu'entre les parties les plus saillantes de deux véhicules qui se croisent il y ait un intervalle libre d'au moins cinquante centimètres (0 m. 50).

[4] Cette largeur sera calculée de façon que l'arête supérieure du ballast se trouve sur la verticale de la partie la plus saillante du matériel roulant.

des courbes dont le rayon ne pourra être inférieur à [1]

Une partie droite de [2]

au moins de longueur devra être ménagée entre deux courbes consécutives, lorsqu'elles seront dirigées en sens contraire.

Le maximum des déclivités est fixé à [3]

millièmes.

Une partie horizontale de [4] mètres au moins devra être ménagée entre deux déclivités consécutives de sens contraire.

Les déclivités correspondant aux courbes de faible rayon devront être réduites autant que faire se pourra.

Le concessionnaire aura la faculté, dans des cas exceptionnels, de proposer aux dispositions du présent article les modifications qui lui paraîtraient utiles, mais ces modifications ne pourront être exécutées que moyennant l'approbation préalable du préfet.

126. — *Gares et stations*. Art. 9. Le nombre et l'emplacement des stations ou haltes de voyageurs et des gares de marchandises seront arrêtés par le *conseil général*, sur les propositions du concessionnaire, après une enquête spéciale.

Il demeure toutefois entendu, dès à présent, que des stations seront établies dans les localités indiquées ci-après :

Si, pendant l'exploitation, de nouvelles stations, gares ou haltes sont reconnues nécessaires, d'accord entre le

[1] En général, et à moins de circonstances exceptionnelles dont il devra être justifié, 250 mètres pour les chemins à voie de 1m, 44; 100 mètres pour les chemins à voie de 1m,00, et 50 mètres pour les chemins à voie de 0m, 75.

[2] En général, 60 mètres pour la voie de 1m,44, et 40 mètres pour les voies de 1m,00 de 0m, 75.

[3] En général, et à moins de circonstances exceptionnelles dont il devra être justifié, 30 millièmes.

[4] En général, 60 mètres pour la voie de 1m,44, et 40 mètres pour les voies de 1 mètre et de 0m,75.

département et le concessionnaire, il sera procédé à une enquête spéciale.

L'emplacement en sera définitivement arrêté par le *conseil général*, le concessionnaire entendu.

Le nombre, l'étendue et l'emplacement des gares d'évitement seront déterminés par le préfet, le concessionnaire entendu ; si la sécurité publique l'exige, le préfet pourra, pendant le cours de l'exploitation, prescrire l'établissement de nouvelles gares d'évitement, ainsi que l'augmentation des voies dans les stations et aux abords des stations.

Le concessionnaire sera tenu, préalablement à tout commencement d'exécution, de soumettre au préfet les projets de détail de chaque gare, station ou halte, lesquels se composeront :

1° D'un plan à l'échelle de 1/500 indiquant les voies, les quais, les bâtiments et leur distribution intérieure, ainsi que la disposition de leurs abords ;

2° D'une élévation des bâtiments à l'échelle d'un centimètre par mètre ;

3° D'un mémoire descriptif dans lequel les dispositions essentielles du projet seront justifiées.

127. — *Traversée des routes et chemins*. Art. 10. Le concessionnaire sera tenu de rétablir les communications interceptées par le chemin de fer, suivant les dispositions qui seront approuvées par l'administration compétente.

128. — *Passages au-dessus des routes et chemins*. Art. 11. Lorsque le chemin de fer devra passer au-dessus d'une route nationale ou départementale, ou d'un chemin vicinal, l'ouverture du viaduc sera fixée par le ministre des travaux publics ou le préfet, suivant le cas, en tenant compte des circonstances locales, mais cette ouverture ne pourra, dans aucun cas, être inférieure à huit mètres (8^m,00 pour la route nationale, à sept mètres

(7m,00) pour la route départementale, à cinq mètres (5m,00) pour un chemin vicinal de grande communication ou d'intérêt commun, et à quatre mètres (4m,00) pour un simple chemin vicinal.

Pour les viaducs de forme cintrée, la hauteur sous-clef, à partir du sol de la route, sera de cinq mètres (5m,00) au moins. Pour ceux qui seront formés de poutres horizontales en bois ou en fer, la hauteur sous poutre sera de quatre mètres trente centimètres (4m,30) au moins.

La largeur entre les parapets sera au moins de[1].
La hauteur de ces parapets ne pourra, dans aucun cas, être inférieure à un mètre (1m,00).

Sur les lignes et sections pour lesquelles la compagnie exécutera les ouvrages d'art pour deux voies, la largeur des viaducs entre les parapets sera au moins de[1]

129. — *Passages au-dessous des routes et chemins.* Art. 12. Lorsque le chemin de fer devra passer au-dessous d'une route nationale ou départementale, ou d'un chemin vicinal, la largeur entre les parapets du pont qui supportera la route ou le chemin sera fixée par le ministre des travaux publics ou le préfet, suivant les cas, en tenant compte des circonstances locales, mais cette largeur ne pourra, dans aucun cas, être inférieure à huit mètres (8m,00) pour la route nationale, à sept mètres (7m,00) pour la route départementale, à cinq mètres (5m,00) pour un chemin vicinal de grande communication, et à quatre mètres (4m,00) pour un simple chemin vicinal.

L'ouverture du pont entre les culées sera au moins de[2] pour les chemins à une voie, et de[2] sur les li-

[1] Cette largeur sera telle qu'il y ait un intervalle de soixante-dix centimètres (0m,70) au moins entre les parapets et les parties les plus saillantes du matériel roulant d'après la largeur maximum qui est fixée dans le deuxième paragraphe de l'article 7.

[2] Cette ouverture sera telle qu'il y ait un intervalle de soixante-

gnes ou sections pour lesquelles le concessionnaire exécutera les ouvrages d'art pour deux voies. Cette largeur règnera jusqu'à deux mètres (2^m) au moins au-dessus du niveau du rail.

La distance verticale qui sera ménagée au-dessus des rails pour le passage des trains, dans une largeur égale à celle qui est occupée par les caisses des voitures, ne sera pas inférieure à[1].

130. — *Passages à niveau.* Art. 13. Dans le cas où des routes nationales ou départementales, ou des chemins vicinaux, ruraux ou particuliers, seraient traversés à leur niveau par le chemin de fer, les rails et contre-rails devront être posés sans aucune saillie ni dépression sur la surface de ces routes, et de telle sorte qu'il n'en résulte aucune gêne pour la circulation des voitures.

Le croisement à niveau du chemin de fer et des routes ne pourra s'effectuer sous un angle inférieur à 45°, à moins d'une autorisation formelle de l'administration supérieure.

L'ouverture libre des passages à niveau sera d'au moins six mètres (6^m) pour les routes nationales et départementales et les chemins vicinaux de grande communication, et d'au moins quatre mètres (4^m) pour tous les autres chemins.

Le préfet déterminera, sur la proposition du concessionnaire, les types des barrières qu'il devra poser aux passages à niveau, ainsi que des abris ou maisons de gardes à établir. Il peut dispenser d'établir des maisons de gardes ou des abris, et même de poser des barrières au croisement des chemins peu fréquentés.

dix centimètres (0^m, 70) au moins entre les culées et les parties les plus saillantes du matériel roulant.

[1] 4^m80 pour la voie de 1^m44; pour les autres voies, cette distance verticale sera égale à la hauteur du matériel roulant, telle qu'elle a été fixée dans le deuxième paragraphe de l'article 7, augmentée de soixante centimètres (0^m60).

La déclivité des routes et chemins aux abords des passages à niveau sera réduite à vingt millimètres au plus sur dix mètres de longueur de part et d'autre de chaque passage.

131. — *Rectifications des routes.* Art. 14. Lorsqu'il y aura lieu de modifier l'emplacement ou le profil des routes existantes, l'inclinaison des pentes et rampes sur les routes modifiées ne pourra excéder trois centimètres ($0^m,03$) par mètre pour les routes nationales, et cinq centimètres ($0^m,05$) pour les routes départementales et les chemins vicinaux. Le préfet restera libre toutefois d'apprécier les circonstances qui pourraient motiver une dérogation à cette clause, en ce qui touche les routes départementales et les chemins vicinaux ; le ministre statuera en tout ce qui touche les routes nationales,

132. — *Ecoulement des eaux ; débouché des ponts.* Art. 16. Le concessionnaire sera tenu de rétablir et d'assurer à ses frais, pendant la durée de sa concession, l'écoulement de toutes les eaux dont le cours aurait été arrêté, suspendu ou modifié par ces travaux, et de prendre les mesures nécessaires pour prévenir l'insalubrité pouvant résulter des chambres d'emprunt.

Les viaducs à construire à la rencontre des rivières, des canaux, et des cours d'eau quelconques auront au moins[1] de largeur entre les parapets sur les chemins à une voie, et[1] sur les chemins à deux voies, et ils présenteront en outre les garages nécessaires pour la sécurité des ouvriers de la voie. La hauteur des parapets ne pourra être inférieure à un mètre (1^m).

La hauteur et le débouché du viaduc seront déterminés, dans chaque cas particulier, par l'administration, suivant les circonstances locales.

[1] Même largeur qu'à l'article 11.

Dans tous les cas où l'administration le jugera utile, il pourra être accolé aux ponts établis par le concessionnaire, pour le service du chemin de fer, une voie charretière ou une passerelle pour piétons. L'excédent de dépense qui en résultera sera supporté, suivant le cas, par l'État, le département ou les communes intéressées, d'après l'évaluation contradictoire qui sera faite par les ingénieurs ou les agents désignés par l'autorité compétente et par les ingénieurs de la compagnie.

133. — *Souterrains.* Art. 15. Les souterrains à établir pour le passage du chemin de fer auront au moins... [1] de largeur entre les pieds-droits au niveau des rails, pour les chemins à une voie, et... [2] de largeur pour les lignes ou sections à deux voies. Cette largeur règnera jusqu'à deux mètres (2^m) au moins au-dessus du niveau du rail. Des garages seront établis à cinquante mètres de distance de chaque côté, et seront disposés en quinconce d'un côté à l'autre. La hauteur sous clef au-dessus de la surface des rails sera de... [2]. La distance verticale qui sera ménagée entre l'intrados et le dessus des rails, pour le passage des trains, dans une largeur égale à celle qui est occupée par les caisses des voitures, ne sera pas inférieure à... [3]. L'ouverture des puits d'aérage et de construction des souterrains sera entourée d'une margelle en maçonnerie de deux mètres (2^m) de hauteur. Cette ouverture ne pourra être établie sur aucune voie publique.

134. — *Maintien des communications.* Art. 17. A la rencontre des cours d'eau flottables ou navigables, le

[1] Même largeur qu'à l'article 12.

[2] Cette hauteur sera égale à la hauteur maximum du gabarit du matériel roulant, augmentée d'un intervalle libre nécessaire pour l'aérage, d'au moins un mètre vingt centimètres (1^m, 20) pour une ou deux voies.

[3] Même distance verticale qu'à l'article 12.

concessionnaire sera tenu de prendre toutes les mesures et de payer tous les frais nécessaires pour que le service de la navigation ou du flottage, n'éprouve ni interruption ni entrave pendant l'exécution des travaux.

A la rencontre des routes nationales ou départementales et des autres chemins publics, il sera construit des chemins et ponts provisoires, par les soins et aux frais du concessionnaire, partout où cela sera jugé nécessaire pour que la circulation n'éprouve aucune interruption ni gêne.

Avant que les communications existantes puissent être interceptées, une reconnaissance sera faite par les ingénieurs de la localité, à l'effet de constater si les ouvrages provisoires présentent une solidité suffisante et s'ils peuvent assurer le service de la circulation.

Un délai sera fixé par l'administration pour l'exécution des travaux définitifs destinés à rétablir les communications interceptées.

135. — *Exécution des travaux.* Art. 18. Le concessionnaire n'emploiera dans l'exécution des ouvrages que des matériaux de bonne qualité ; il sera tenu de se conformer à toutes les règles de l'art, de manière à obtenir une construction parfaitement solide.

Tous les acqueducs, ponceaux, ponts et viaducs à construire à la rencontre des divers cours d'eau et des chemins publics ou particuliers seront en maçonnerie ou en fer, sauf les cas d'exception qui pourront être admis par l'administration.

136. — *Voies.* Art. 19. Les voies seront établies d'une manière solide et avec des matériaux de bonne qualité.

Les rails seront en   et du poids de[1],

[1] En général, et à moins de circonstances exceptionnelles don il devra être justifié, 30 kilogrammes en fer et 25 kilogrammes en acier sur les chemins à voie large; le poids sera fixé dan chaque affaire pour les chemins à voie étroite.

kilogrammes au moins par mètre courant sur les voies de circulation.

L'espacement maximum des traverses sera de d'axe en axe.

137. — *Clôtures.* Art. 20. Le chemin de fer sera séparé des propriétés riveraines par des murs, haies ou toute autre clôture dont le mode et la disposition seront agréés par le préfet. Le concessionnaire pourra, conformément à l'article 20 de la loi du 11 juin 1880, être dispensé de poser des clôtures sur tout ou partie de la voie, mais il devra fournir des justifications spéciales pour être dispensé d'en établir :

1° Dans la traversée des lieux habités ;

2° Dans les parties contiguës à des chemins publics ;

3° Sur dix mètres de longueur au moins de chaque côté de passages à niveau et des stations.

138. — *Indemnités de terrains et de dommages.* Art. 21. Tous les terrains nécessaires pour l'établissement du chemin de fer et de ses dépendances, pour la déviation des voies de communication et des cours d'eau déplacés, et, en général, pour l'exécution des travaux quels qu'ils soient, auxquels cet établissement pourra donner lieu, seront achetés et payés par le concessionnaire [1].

Les indemnités pour occupation temporaire ou pour détérioration de terrains, pour chômage, modification ou destruction d'usines, et pour tous dommages quelconques résultant des travaux, seront supportées et payées par le concessionnaire.

139. — *Droits conférés aux concessionnaires.* Art. 22.

[1] Il y aura lieu de modifier ce paragraphe dans le cas où le département ou les communes auraient pris l'engagement de fournir les terrains.

L'entreprise étant d'utilité publique, le concessionnaire est investi, pour l'exécution des travaux dépendant de sa concession, de tous les droits que les lois et règlements confèrent à l'administration en matière de travaux publics, soit pour l'acquisition des terrains par voie d'expropriation, soit pour l'extraction, le transport et le dépôt des terres, matériaux, etc., et il demeure en même temps soumis à toutes les obligations qui dérivent pour l'administration, de ces lois et règlements.

140. — *Servitudes militaires.* Art. 23. Dans les limites de la zone frontière et dans le rayon de servitude des enceintes fortifiées, le concessionnaire sera tenu, pour l'étude et l'exécution de ses projets, de se soumettre à l'accomplissement de toutes les formalités et de toutes les conditions exigées par les lois, décrets et règlements concernant les travaux mixtes.

141. — *Mines.* Art. 24. Si la ligne du chemin de fer traverse un sol déjà concédé pour l'exploitation d'une mine, les travaux de consolidation à faire dans l'intérieur de la mine qui pourraient être imposés par le ministre des travaux publics, ainsi que les dommages résultant de cette traversée pour les concessionnaires de la mine, seront à la charge du concessionnaire.

142. — *Carrières.* Art. 25. Si le chemin de fer doit s'étendre sur des terrains renfermant des carrières ou les traverser souterrainement, il ne pourra être livré à la circulation avant que les excavations qui pourraient en compromettre la solidité aient été remblayées ou consolidées. Les travaux que le ministre des travaux publics pourrait ordonner, à cet effet, seront exécutés par les soins et aux frais du concessionnaire.

143. — *Contrôle et surveillance des travaux.* Art. 26.

Les travaux seront soumis au contrôle et à la surveillance du préfet, sous l'autorité du ministre des travaux publics.

Ils seront conduits de manière à nuire le moins possible à la liberté et à la sûreté de la circulation. Les chantiers ouverts sur le sol des voies publiques seront éclairés et gardés pendant la nuit.

Les travaux devront être adjugés par lots et sur série de prix, soit avec publicité et concurrence, soit sur soumissions cachetées entre entrepreneurs agréés à l'avance; toutefois, si le conseil d'administration juge convenable, pour une entreprise et une fourniture déterminée, de procéder par voie de régie ou de traité direct, il devra obtenir de l'assemblée générale des actionnaires la sanction soit de la régie soit du traité.

Tout marché à forfait, avec ou sans série de prix, passé avec un entrepreneur, soit pour l'ensemble du chemin de fer, soit pour l'exécution des terrassements ou ouvrages d'art, soit pour la construction d'une ou plusieurs sections du chemin, est, dans tous les cas, formellement interdit.

Le contrôle et la surveillance du préfet auront pour objet d'empêcher le concessionnaire de s'écarter des dispositions prescrites par le présent cahier des charges et de celles qui résulteront des projets approuvés.

144. — *Réception des travaux.* Art. 27. A mesure que les travaux seront terminés sur des parties de chemins de fer susceptibles d'être livrées utilement à la circulation, il sera procédé à la reconnaissance et, s'il y a lieu, à la réception provisoire de ces travaux par un ou plusieurs commissaires que le préfet désignera.

Sur le vu du procès-verbal de cette reconnaissance, le préfet autorisera, s'il y a lieu, la mise en exploitation des parties dont il s'agit; après cette autorisation, le concessionnaire pourra mettre lesdites parties en service et y percevoir les taxes ci-après déterminées,

Toutefois, ces réceptions partielles ne deviendront définitives que par la réception générale et définitive du chemin de fer, laquelle sera faite dans la même forme que les réceptions partielles.

145. — *Bornage et plan cadastral.* Art. 28. Immédiatement après l'achèvement des travaux et au plus tard six mois après la mise en exploitation de la ligne ou de chaque section, le concessionnaire fera faire à ses frais un bornage contradictoire avec chaque propriétaire riverain en présence d'un représentant du département, ainsi qu'un plan cadastral du chemin de fer et de ses dépendances. Il fera dresser également à ses frais, et contradictoirement avec les agents désignés par le préfet, un état descriptif de tous les ouvrages d'art qui auront été exécutés, ledit état accompagné d'un atlas contenant les dessins cotés de tous les ouvrages.

Une expédition dûment certifiée des procès-verbaux, de bornage, du plan cadastral, de l'état descriptif et de l'atlas sera dressée aux frais du concessionnaire et déposée dans les archives de la préfecture.

Les terrains acquis par le concessionnaire postérieurement au bornage général, en vue de satisfaire aux besoins de l'exploitation, et qui, par cela même, deviendront partie intégrante du chemin de fer, donneront lieu, au fur et à mesure de leur acquisition, à des bornages supplémentaires, et seront ajoutés sur le plan cadastral; addition sera également faite sur l'atlas de tous les ouvrâges d'art exécutés postérieurement à sa rédaction.

Titre II. — Entretien et exploitation.

146. — *Entretien.* Art. 29. Le chemin de fer et toutes ses dépendances seront constamment entretenus en bon état, de manière que la circulation y soit toujours facile et sûre.

Les frais d'entretien et ceux auxquels donneront lieu les réparations ordinaires et extraordinaires seront entièrement à la charge du concessionnaire.

Si le chemin de fer, une fois achevé, n'est pas constamment entretenu en bon état, il y sera pourvu d'office à la diligence du préfet et aux frais du concessionnaire, sans préjudice, s'il y a lieu, de l'application des dispositions indiquées ci-après dans l'article 39.

Le montant des avances faites sera recouvré au moyen de rôles que le préfet rendra exécutoires.

147. — *Gardiens.* Art. 30. Le concessionnaire sera tenu d'établir à ses frais, partout où la nécessité en aura été reconnue par le préfet, des gardiens en nombre suffisant pour assurer la sécurité du passage des trains sur la voie et celle de la circulation sur les points où le chemin de fer traverse à niveau des routes ou chemins publics,

148. — *Matériel roulant.* Art. 31. Le matériel roulant qui sera mis en circulation sur le chemin de fer concédé devra passer librement dans le gabarit, dont les dimensions sont définies par le deuxième paragraphe de l'article 7.

Les machines locomotives seront construites sur les meilleurs modèles ; elles devront consumer leur fumée et satisfaire d'ailleurs à toutes les conditions prescrites ou à prescrire par l'administration pour la mise en service de ce genre de machines.

Les voitures de voyageurs devront également être faites d'après les meilleurs modèles et satisfaire à toutes les conditions réglées ou à régler pour les voitures servant au transport des voyageurs sur les chemins de fer. Elles seront suspendues sur ressorts, et pourront être à deux étages. L'étage inférieur sera complétement couvert, garni de banquettes avec dossiers, fermé à glaces, muni de rideaux et éclairé pendant la nuit; l'étage supérieur sera couvert et garni de banquettes avec dossiers ; on y accèdera au moyen d'escaliers qui seront accompagnés, ainsi que les couloirs donnant accès aux places, de garde-corps solides d'au moins un mètre dix centimètres (1^m, 10) de hauteur utile.

Les dossiers et les banquettes devront être inclinés et les dossiers seront élevés à la hauteur de la tête des voyageurs.

Il y aura des places de classes; on se conformera, pour la disposition particulière des places de chaque classe, aux prescriptions qui sont arrêtées par le préfet.

L'intérieur de chaque compartiment contiendra l'indication du nombre de places de ce compartiment.

Le préfet pourra exiger qu'un compartiment de chaque classe soit réservé, dans les trains de voyageurs, aux femmes voyageant seules.

Les voitures de voyageurs, les wagons destinés au transport des marchandises, des chaises de poste, des chevaux ou des bestiaux, les plates-formes, et en général toutes les parties du matériel roulant, seront de bonne et solide construction.

Le concessionnaire sera tenu, pour la mise en service de ce matériel, de se soumettre à tous les règlements sur la matière.

Le nombre des voitures à frein qui doivent entrer dans la composition des trains sera réglé par le préfet en rapport avec les déclivités de la ligne.

Les machines locomotives, tenders, voitures, wagons de toute espèce, plates-formes composant le matériel roulant, seront constamment tenues en bon état.

149. — *Nombre minimum des trains.* Art. 32. Le nombre minimum des trains qui desserviront tous les jours la ligne entière dans chaque sens est fixée à

150. — *Règlements de police et d'exploitation.* Art. 33. Le concessionnaire supportera les dépenses qu'entraînera l'exécution des ordonnances, décrets, décisions ministérielles et arrêtés préfectoraux rendus ou à rendre par application de la loi du 15 juillet 1845 et de celle du 11 juin 1880, au sujet de la police et de l'exploitation du chemin de fer.

Le concessionnaire sera tenu de soumettre à l'approbation du préfet les règlements de service intérieur relatifs à l'exploitation du chemin de fer.

Le préfet déterminera, sur la proposition du concessionnaire, le minimum et le maximum de la vitesse des convois de voyageurs et de marchandises, sur les différentes sections de la ligne, la durée du trajet, et le tableau de la marche des trains.

Titre III. — Durée, rachat et déchéance de la concession.

151. — *Durée de la concession.* Art. 34. La durée de la concession pour la ligne mentionnée à l'article 1er du présent cahier des charges commencera à courir de la date de la loi qui approuvera la concession. Celle-ci prendra fin le.

152. — *Expiration de la concession.* Art. 35. A l'époque fixée pour l'expiration de la concession, et par le seul fait de cette expiration, le *département* sera subrogé à tous les droits du concessionnaire sur le chemin de fer et de ses dépendances, et il entrera immédiatement en jouissance de tous ses produits.

Le concessionnaire sera tenu de lui remettre en bon état d'entretien, le chemin de fer et tous les immeubles qui en dépendent, quelle qu'en soit l'origine, tels que les bâtiments des gares et stations, les remises, ateliers et dépôts, les maisons de garde, etc. Il en sera de même de tous les objets immobiliers dépendant également dudit chemin, tels que les barrières et clôtures, les voies, changements de voies, plaques tournantes, réservoir d'eau, grues hydrauliques, machines fixes, etc.

Dans les cinq dernières années qui précèderont le terme de la concession, le *département* aura le droit de saisir les revenus du chemin de fer et de les employer à rétablir en bon état le chemin de fer et ses dépendances, si le concessionnaire ne se mettait pas en mesure de satisfaire pleinement et entièrement à cette obligation.

En ce qui concerne les objets mobiliers, tels que le matériel roulant, le mobilier des stations, l'outillage des ateliers et des gares, le *département* se réserve le droit de les reprendre en totalité ou pour telle partie qu'il jugera convenable, à dire d'experts, mais sans pouvoir y être contraint. La valeur des objets repris sera payée au concessionnaire dans les six mois qui suivront l'expiration de la concession et la remise du matériel au *département.*

Le *département* sera tenu, si le concessionnaire le requiert, de reprendre les matériaux combustibles et approvisionnements de tout genre sur l'estimation qui en sera faite à dire d'expert ; et réciproquement, si le *département* le requiert, le concessionnaire sera tenu de céder ces approvisionnements de la même manière. Toutefois le *département* ne pourra être obligé de reprendre que les approvisionnements nécessaires à l'exploitation du chemin pendant six mois.

153. — *Rachat de la concession.* Art. 36. Le *département* aura toujours le droit de racheter la concession.

Si le rachat a lieu avant l'expiration des *quinze* premières années de l'exploitation, il se fera conformément au paragraphe 3 de l'article 11 de la loi du 11 juin 1880.

Ce terme de *quinze* ans sera compté à partir de la mise en exploitation effective de la ligne entière, ou au plus tard à partir de la fin du délai qui est fixé dans l'article 2 du présent cahier des charges, sans tenir compte des retards qui auraient eu lieu dans l'achèvement des travaux.

Si le rachat de la concession entière est demandé par le *département* après l'expiration des *quinze* premières années de l'exploitation, on règlera le prix du rachat en relevant les produits nets annuels obtenus par le concessionnaire pendant les *sept* années qui auront précédé celle où le rachat sera effectué, en y comprenant les annuités qui auront été payées à titre de subvention ; on en déduira les produits nets des deux faibles années, et l'on établira le produit net moyen des *cinq* autres années.

Ce produit net moyen formera le montant d'une annuité qui sera due et payée au concessionnaire pendant chacune des années restant à courir sur la durée de la concession.

Dans aucun cas, le montant de l'annuité ne sera inférieur au produit net de la dernière des sept années prises pour terme de comparaison.

Le concessionnaire recevra, en outre, dans les six mois qui suivront le rachat, les remboursements auxquels il aurait droit à l'expiration de la concession, suivant les deux derniers paragraphes de l'article 35, la reprise de la totalité des objets mobiliers étant ici obligatoire dans tous les cas pour le *département*.

Le concessionnaire ne pourra élever aucune réclamation dans le cas où, le chemin concédé ayant été déclaré d'intérêt général, l'Etat sera substitué au *département* dans tous les droits que ce dernier tient de la loi du 11 juin 1880 et du présent cahier des charges.

Si l'état rachète la concession passé le terme de *quinze* années qui est fixé dans le paragraphe 1er du présent article, le rachat sera opéré suivant les dispositions qui précèdent. Dans le cas où, au contraire, l'état déciderait de racheter la concession avant l'expiration de ce terme, l'indemnité qui pourra être due au concessionnaire sera liquidée par une commission spéciale, conformément au paragraphe 3 de l'article 11 de la loi du 11 juin 1880.

154. — *Déchéance.* Art. 37. Si le concessionnaire n'a pas remis au préfet les projets définitifs ou s'il n'a pas commencé les travaux dans les délais fixés par les articles 2 et 3, il encourra la déchéance qui sera prononcée par le ministre des travaux publics après une mise en demeure, sauf recours au conseil d'état par la voie contentieuse.

Dans ces deux cas, la somme de
qui aura été déposée, ainsi qu'il sera dit à l'article 66, à titre de cautionnement, deviendra la propriété du *département* et lui restera acquise.

155. — *Achèvement des travaux en cas de déchéance.* Art. 38. Faute par le concessionnaire d'avoir poursuivi et terminé les travaux dans les délais et conditions fixés par l'article 2, faute aussi par lui d'avoir rempli les diverses obligations qui lui sont imposées par le présent cahier des charges, et dans le cas prévu par l'article 10 de la loi du 12 juin 1880, il encourra soit la perte partielle de son cautionnement dans les conditions prévues par l'acte de concession, soit la perte totale de ce cautionnement, soit enfin la déchéance. Dans tous les cas, il sera statué sur la demande du *département*, après mise en demeure, par le ministre des travaux publics, sauf recours au conseil d'Etat par la voie contentieuse. Dans les deux premiers cas, le cautionnement sera reconstitué dans le mois de la décision ministérielle.

Dans le cas de déchéance, il sera pourvu tant à la continuation et à l'achèvement des travaux qu'à l'exécution des autres engagements contractés par le concessionnaire, au moyen d'une adjudication que l'on ouvrira sur une mise à prix des ouvrages exécutés, des matériaux approvisionnés et des parties du chemin de fer déjà livrées à l'exploitation.

Nul ne sera admis à concourir à cette adjudication s'il n'a été préalablement agréé par le préfet.

A cet effet, les personnes qui voudraient concourir seront tenues de déclarer, dans le délai qui sera fixé, leur intention, par écrit déposé à la préfecture et accompagné des pièces propres à justifier des ressources nécessaires pour remplir les engagements à contracter.

Ces pièces seront examinées par le préfet en conseil de préfecture. Chaque soumissionnaire sera informé de la décision prise en ce qui le concerne, et, s'il y a lieu, du jour de l'adjudication.

Les personnes qui auront été admises à concourir devront faire, soit à la caisse des dépôts et consignations, soit à la recette générale du département, le dépôt de garantie, qui devra être égal au moins au trentième de la dépense à faire par le concessionnaire.

L'adjudication aura lieu suivant les formes indiquées aux articles 11, 12, 13, 15 et 16 de l'ordonnance royale du 10 mai 1829.

Les soumissions ne peuvent être inférieures à la mise à prix.

Le nouveau concessionnaire sera soumis aux clauses du présent cahier des charges et substitué au concessionnaire évincé pour recevoir les subventions de toutes nature à échoir aux termes de l'acte de concession ; le concessionnaire évincé recevra de lui le prix que la nouvelle adjudication aura fixé.

La partie du cautionnement qui n'aura pas encore été restituée deviendra la propriété du *département*.

Si l'adjudication ouverte n'amène aucun résultat, une seconde adjudication sera tentée sur les mêmes bases, après un délai de trois mois. Cette fois, les soumissions pourront être inférieures à la mise à prix. Si cette seconde tentative reste également sans résultats, le concessionnaire sera définitivement déchu de tous droits, et alors

TARIF	PRIX de péage.	PRIX de transport	PRIX Totaux
159. — 1° PAR TÊTE ET PAR KILOMÈTRE	(1)	(1)	(1)
Grande vitesse			
Voyageurs. — Voitures couvertes, garnies et fermées à glaces (1re cl.) .	0 067	0 033	0 10
Voitures couvertes, fermées à glaces, et à banquettes rembourrées (2e c.)	0 050	0 025	0 075
Voitures couvertes et fermées à vitres (3e classe)	0 037	0 018	0 055
Enfants. — Au-dessous de trois ans, les enfants ne payent rien, à la condition d'être portés sur les genoux des personnes qui les accompagnent.			
De trois à sept ans, ils payent demi-place et ont droit à une place distincte ; toutefois, dans un même compartiment, deux enfants ne pourront occuper que la place d'un voyageur. Au-dessus de sept ans, ils payent place entière.			
Chiens transportés par les trains de voyageurs (sans que la perception puisse être inférieure à 50 c.) . .	0 01	0 005	0 015
Petite vitesse.			
Bœufs, vaches, taureaux, chevaux, mulets, bêtes de trait.	0 07	0 03	0 10
Veaux et porcs	0 025	0 15	0 04
Moutons, brebis, agneaux, chèvres.	0 01	0 01	0 02
Lorsque les animaux ci-dessus dénommés seront, sur la demande des expéditeurs, transportés à la vitesse des trains de voyageurs, les prix seront doublés.			
2° PAR TONNE ET PAR KILOMÈTRE			
Marchandises transportées à grande vitesse.			
Huîtres, poissons frais, denrées,			

[1] Chiffres à fixer pour chaque concession ; les chiffres inscrits ci-dessus sont présentés à titre de renseignement utile à consulter ; mais ils pourront être modifiés selon les circonstances locales, ainsi que les autres dispositions ci-après.

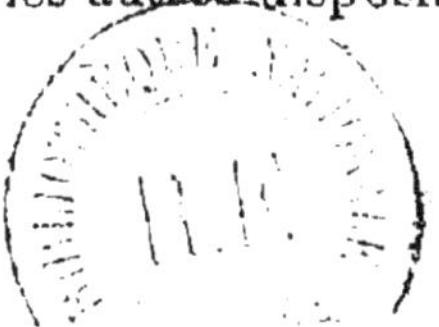

6

TARIF	PRIX		
	de péage	de transport	Totaux
excédents de bagages et marchandises de toutes classes transportées à la vitesse des trains de voyageurs.	0 20	0 16	0 36
Marchandises transportées à petite vitesse.			
1re classe.— Spiritueux, huiles, bois de menuiserie, de teinturerie et autres bois exotiques, produits chimiques non dénommés, œufs, viande fraîche, gibier, sucre, café, drogues, épiceries, tissus, denrées coloniales, objets manufacturés, armes	0 09	0 07	0 16
2e classe.— Blés, grains, farines, légumes farineux, riz, maïs, châtaignes et autres denrées alimentaires non dénommées, chaux et plâtre, charbon de bois, bois à brûler dit de corde, perches, chevrons, planches, madriers, bois de charpente, marbre en bloc, albâtre, bitume, cotons, laines, vins, vinaigres, boissons, bières, levure sèche, coke, fers, cuivres, plomb et autres métaux ouvrés ou non, fontes moulées	0 08	0 06	0 14
3e classe.— Pierres de taille et produits de carrières, minerais autres que les minerais de fer, fonte brute, sel, moellons, meulières, argiles, briques, ardoises	0 06	0 04	0 10
4e classe.— Houille, marne, cendres, fumiers, engrais, pierres à chaux et à plâtre, pavés et matériaux pour la construction et la réparation des routes, minerais de fer, cailloux et sables	0 05	0 03	0 08
Tarif spécial par wagon complet			
Marchandises des 1re, 2e, 3e et 4e cl.	0 04	0 02	0 06
Les foins, fourrages, pailles et toutes marchandises ne pesant pas 600 kilogrammes sous le volume d'un mètre cube, cinquante centimes			

TARIF	PRIX de péage	de transport	Totaux
(0 fr. 50) par wagon et par kilom.			
3° VOITURES ET MATÉRIEL ROULANT TRANSPORTÉS A PETITE VITESSE			
Par pièce et par kilomètre			
Wagon ou chariot pouvant porter de 3 à 6 tonnes . . . . . , . .	0 09	0 06	0 15
Wagon ou charriot pouvant porter plus de 6 tonnes.	0 12	0 08	0 20
Locomotive pesant de 12 à 18 tonnes (ne trainan tpas de convoi) .	1 80	1 20	3 »
Locomotive pesant plus de 18 tonnes (ne traînant pas de convoi). . .	2 25	1 50	3 75
Tender de 7 à 10 tonnes	0 90	0 60	1 50
Tender de plus de 10 tonnes . . .	1 35	0 90	2 25
Les machines locomotives seront considérées comme ne traînant pas de convoi, lorsque le convoi remorqué, soit de voyageurs, soit de marchandises, ne comportera pas un péage au moins égal à celui qui serait perçu sur la locomotive avec son tender marchant sans rien traîner.			
Le prix à payer pour un wagon chargé ne pourra jamais être inférieur à celui qui serait dû pour un wagon marchant à vide.			
Voitures à deux ou quatre roues, à un fond et à une seule banquette dans l'intérieur	0 15	0 10	0 25
Voitures à quatre roues, à deux fonds et à deux banquettes dans l'intérieur,omnibus,diligences,etc.	0 18	0 14	0 32
Lorsque, sur la demande des expéditeurs, les transports auront lieu à la vitesse des trains de voyageurs, les prix ci-dessus seront doublés.			
Dans ce cas, deux personnes pourront, sans supplément de prix, voyager dans les voitures à une banquette, et trois dans les voitures à deux banquettes, omnibus, diligences, etc. Les voyageurs excédant ce			

TARIF	PRIX de péage	PRIX de transport	PRIX Totaux
nombre payeront le prix des places de 2e classe.			
Voitures de déménagement à deux ou quatre roues, à vide	0 12	0 08	0 20
Ces voitures, lorsqu'elles seront chargées, payeront en sus du prix ci-dessus, par tonne de chargement et par kilomètre.	0 08	0 06	0 14
4° SERVICE DES POMPES FUNÈBRES ET TRANSPORT DES CERCUEILS			
Grande vitesse			
Une voiture des pompes funèbres renfermant un ou plusieurs cercueils sera transportée aux mêmes prix et conditions qu'une voiture à quatre roues, à deux fonds et à deux banquettes.	0 36	0 28	0 64
Chaque cercueil confié à l'administration du chemin de fer sera transporté, pour les trains ordinaires, dans un compartiment isolé, au prix de.	0 18	0 12	0 30
Et, pour les trains express, dans une voiture spéciale, au prix de. . .	0 60	0 40	1 »

160. — *Compositions des trains.* Art. 42. A moins d'une autorisation spéciale et révocable du préfet, tout train régulier de voyageurs devra contenir des voitures ou compartiments de toutes classes en nombre suffisant pour toutes les personnes qui se présenteraient dans les bureaux du chemin de fer.

161. — *Bagages.* Art. 43. Tout voyageur, dont le bagage ne pèsera pas plus de 30 kilogrammes, n'aura à payer, pour le port de ce bagage, aucun supplément du prix de sa place.

Cette franchise ne s'appliquera pas aux enfants transportés gratuitement, et elle sera réduite à 20 kilogrammes pour les enfants transportés à moitié prix.

162. — *Assimilation des classes de marchandises.* Art. 44. Les animaux, denrées, marchandises, effets et autres objets non désignés dans le tarif seront rangés, pour les droits à percevoir, dans les classes avec lesquelles ils auront le plus d'analogie, sans que jamais, sauf les exceptions formulées aux articles 45 et 46 ci-après, aucune marchandise non dénommée puisse être soumise à une taxe supérieure à celle de la première classe du tarif ci-dessus.

Les assimilations de classes pourront être provisoirement réglées par le concessionnaire ; elles seront immédiatement affichées et soumises à l'administration, qui prononcera définitivement.

163. — *Transport de masses indivisibles.* Art. 45. Les droits de péage et les prix de transport déterminés au tarif ne sont point applicables à toute masse indivisible pesant plus de *trois mille kilogrammes* (3,000 *k.*)

Néanmoins le concessionnaire ne pourra se refuser à transporter les masses indivisibles pesant de *trois mille à cinq mille kilogrammes ;* mais les droits de péage et les prix de transport seront augmentés de moitié.

Le concessionnaire ne pourra être contraint à transporter les masses pesant plus de *cinq mille kilogrammes* (5,000 *k.*)

Si, nonobstant la disposition qui précède, le concessionnaire transporte des masses indivisibles pesant plus de *cinq mille kilogrammes*, il devra, pendant trois mois au moins, accorder les mêmes facilités à tous ceux qui en feraient la demande.

Dans ce cas, les prix de transport seront fixés par l'administration, sur la proposition du concessionnaire.

164. — *Exceptions ; envois par groupe.* Art. 46. Les prix de transports déterminés au tarif ne sont point applicables :

1° Aux denrées et objets qui ne sont pas nommément énoncés dans le tarif et qui ne pèseraient pas deux cents kilogrammes sous le volume d'un mètre cube ;

2° Aux matières inflammables ou explosibles, aux animaux et objets dangereux pour lesquels les règlements de police prescriraient des précautions spéciales ;

3° Aux animaux dont la valeur déclarée excéderait 5,000 fr. ;

4° A l'or et à l'argent, soit en lingots, soit monnayés ou travaillés, au plaqué d'or ou d'argent, au mercure et au platine, ainsi qu'aux bijoux, dentelles, pierres précieuses, objets d'art et autres valeurs ;

5° Et, en général, à tous paquets, colis ou excédents de bagages pesant isolément quarante kilogrammes et au-dessous.

Toutefois les prix de transport déterminés au tarif sont applicables à tous paquets ou colis, quoique emballés à part, s'ils font partie d'envois pesant ensemble plus de quarante kilogrammes d'objets envoyés par une même personne à une même personne. Il en sera de même pour les excédents de bagages qui pèseraient ensemble ou isolément plus de quarante kilogrammes.

Le bénéfice de la disposition énoncée dans le paragraphe précédent, en ce qui concerne les paquets ou colis, ne peut être invoqué par les entrepreneurs de messageries et de roulage et autres intermédiaires de transport, à moins que les articles par eux envoyés ne soient réunis en un seul colis.

Dans les cinq cas ci-dessus spécifiés, les prix de transport seront arrêtés annuellement par le préfet, tant pour la grande que pour la petite vitesse, sur la proposition du concessionnaire.

En ce qui concerne les paquets ou colis mentionnés au paragraphe 5 ci-dessus, les prix de transport devront être calculés de telle manière qu'en aucun cas un de ces paquets ou colis ne puisse payer un prix plus élevé qu'un article de même nature pesant plus de 40 kilogrammes.

165. — *Abaissement des tarifs.* Art. 47. Dans le cas où le concessionnaire jugerait convenable, soit pour le parcours total, soit pour les parcours partiels de la voie de fer, d'abaisser, avec ou sans conditions, au-dessous des limites déterminées par le tarif, les taxes qu'il est autorisé à percevoir, les taxes abaissées ne pourront être relevées qu'après un délai de trois mois au moins pour les voyageurs et d'un an pour les marchandises.

Toute modication de tarif proposée par le concessionnaire sera annoncée un mois d'avance par des affiches.

La perception des tarifs modifiés ne pourra avoir lieu qu'avec l'homologation du préfet ou du ministre des travaux publics suivant les distinctions établies par l'article 5 de la loi du 11 juin 1880 et conformément aux dispositions de l'ordonnance du 15 novembre 1846.

La perception des taxes devra se faire indistinctement et sans aucune faveur.

Tout traité particulier qui aurait pour effet d'accorder à un ou plusieurs expéditeurs une réduction sur les tarifs approuvés demeure formellement interdit.

Toutefois cette disposition n'est pas applicable aux traités qui pourraient intervenir entre le gouvernement et le concessionnaire dans l'intérêt des services publics, ni aux réductions ou remises qui seraient accordées par le concessionnaire aux indigents.

En cas d'abaissement des tarifs, la réduction portera proportionnellement sur le péage et le transport.

166. — *Délais d'expédition.* Art. 48. Le concessionnaire sera tenu d'effectuer constamment avec soin, exactitude et célérité, et sans tour de faveur, le transport des voyageurs, bestiaux, denrées, marchandises et objets quelconques qui lui seront confiés.

Les colis, bestiaux et objets quelconques seront inscrits à la gare d'où ils partent et à la gare où ils arrivent, sur des registres spéciaux, au fur et à mesure de leur réception ; mention sera faite, sur le registre de la gare de départ, du prix total dû pour le transport.

Pour les marchandises ayant une même destination, les expéditions auront lieu suivant l'ordre de leur inscription à la gare de départ.

Toute expédition de marchandises sera constatée, si l'expéditeur le demande, par une lettre de voiture dont un exemplaire restera aux mains du concessionnaire et l'autre aux mains de l'expéditeur. Dans le cas où l'expéditeur ne demanderait pas de lettre de voiture, le concessionnaire sera tenu de lui délivrer un récépissé qui énoncera la nature et le poids du colis, le prix total du transport et le délai dans lequel ce transport devra être effectué.

167. — *Délais de livraison.* Art. 49. Les animaux, denrées, marchandises et objets quelconques sont expédiés et livrés de gare en gare, dans les délais résultant des conditions ci-après exprimées :

1° Les animaux, denrées, marchandises et objets quelconques, à grande vitesse, seront expédiés par le premier train de voyageurs comprenant des voitures de toutes classes et correspondant avec leur destination, pourvu qu'ils aient été présentés à l'enregistrement trois heures avant le départ de ce train.

Ils seront mis à la disposition des destinataires, à la gare, dans le délai de deux heures après l'arrivée du même train ;

2° Les animaux, denrées, marchandises et objets quelconques, à petite vitesse, seront expédiés dans le jour qui suivra celui de la remise.

Le maximum de durée du trajet sera fixé par le préfet, sur la proposition du concessionnaire.

Les colis seront mis à la disposition des destinataires dans le jour qui suivra celui de leur arrivée en gare.

Le délai total résultant des trois paragraphes ci-dessus sera seul obligatoire pour la compagnie.

Il pourra être établi un tarif réduit, approuvé par le *préfet*, pour tout expéditeur qui acceptera des délais plus longs que ceux déterminés ci-dessus pour la petite vitesse.

Pour le transport des marchandises, il pourra être établi, sur la proposition du concessionnaire, un délai moyen entre ceux de la grande et de la petite vitesse. Le prix correspondant à ce délai sera un prix intermédiaire entre ceux de la grande et de la petite vitesse.

Le préfet déterminera, par des règlements spéciaux, les heures d'ouverture et de fermeture des gares et stations, tant en hiver qu'en été, ainsi que les dispositions relatives aux denrées apportées par les trains de nuit et destinées à l'approvisionnement des marchés des villes.

Lorsque la marchandise devra passer d'une ligne sur une autre sans solution de continuité, les délais de livraison et d'expédition au point de jonction seront fixés par le préfet, sur la proposition du concessionnaire.

168. — *Frais accessoires*. Art. 50. Les frais accessoires non mentionnés dans les tarifs, tel que ceux d'enregistrement, de chargement, de déchargement et de magasinage dans les gares et magasins du chemin de fer, seront fixés annuellement par le préfet, sur la proposition du concessionnaire. Il en sera de même des frais de transbordement qui seront faits dans les gares de raccordement de la ligne concédée avec une ligne présentant une largeur de voie différente.

169. — *Camionnage*. Art. 51. Le concessionnaire sera

tenu de faire, soit par lui-même, soit par un intermédiaire dont il répondra, le factage et le camionnage pour la remise au domicile des destinataires de toutes les marchandises qui lui sont confiées.

Le factage et le camionnage ne seront point obligatoires en dehors du rayon de l'octroi, non plus que pour les gares qui desserviraient, soit une population agglomérée de moins de cinq mille habitants, soit un centre de population de cinq mille habitants situé à plus de cinq kilomètres de la gare du chemin de fer.

Les tarifs à percevoir seront fixés par le préfet, sur la proposition du concessionnaire. Ils seront applicables à tout le monde sans distinction.

Toutefois les expéditeurs et destinaires resteront libres de faire eux-mêmes, et à leurs frais, le factage et le camionnage des marchandises.

170. — *Traités particuliers.* Art. 52. A moins d'une autorisation spéciale du préfet, il est interdit au concessionnaire, conformément à l'article 14 de la loi du 15 juillet 1845, de faire directement ou indirectement avec des entreprises de transport de voyageurs ou de marchandises par terre ou par eau, sous quelque dénomination ou forme que ce puisse être, des arrangements qui ne seraient pas consentis en faveur de toutes les entreprises desservant les mêmes voies de communication.

Le préfet, agissant en vertu de l'article 50 de l'ordonnance du 15 novembre 1846, prescrira les mesures à prendre pour assurer la plus complète égalité entre les diverses entreprises de transport dans leurs rapports avec le chemin de fer.

Titre V. — Stipulations relatives à diverses services publics.

171. — *Fonctionnaires ou agents du contrôle et de la surveillance.* Art. 53. Les fontionnaires ou agents chargés de l'inspection du contrôle et de la surveillance du chemin de fer seront transportés gratuitement dans les voitures de voyageurs.

La même faculté sera accordée aux agents des contributions indirectes et des douanes chargés de la surveillance du chemin de fer dans l'intérêt de la perception de l'impôt.

172. — *Militaires et marins.* Art. 54. Dans le cas où le Gouvernement aurait besoin de diriger des troupes et un matériel militaire ou naval sur l'un des points desservis par le chemin de fer, le concessionnaire sera tenu de mettre immédiatement à sa disposition tous ses moyens de transport.

Le prix du transport qui sera opéré dans ces conditions, ainsi que le prix de transport des militaires ou marins voyageant soit en corps, soit isolément pour cause de service, envoyés en congé limité ou en permission ou rentrant dans leurs foyers après libération, sera payé conformément aux tarifs homologués.

Dans le cas où l'État s'engagerait à fournir une subvention par annuités au concessionnaire, le prix de ces transports sera fixé à la moitié des mêmes tarifs.

173. — *Transports des prisonniers.* Art. 55. Le concessionnaire sera tenu, à toute réquisition, de mettre à la disposition de l'administration un ou plusieurs compartiments de deuxième classe à deux banquettes, ou un espace équivalent, pour le transport des prévenus, accusés ou condamnés, et de leurs gardiens.

Il en sera de même pour le transport des jeunes délinquants recueillis par l'administration pour être transférés dans des établissements d'éducation.

L'administration pourra, en outre, requérir l'introduction dans les convois ordinaires de voitures cellulaires lui appartenant, à condition que les dimensions et le poids par essieu de ces voitures ne dépassent pas les dimensions et le poids à pleine charge du modèle le plus grand et le plus lourd qui sera affecté au service régulier du chemin de fer.

Le prix de ces transports sera réglé dans les conditions indiquées à l'article précédent.

174. — *Service des postes et télégraphes.* Art. 56. Le concessionnaire sera tenu de réserver, dans chacun des trains circulant aux heures ordinaires de l'exploitation, un compartiment spécial de la deuxième classe, ou un espace équivalent, pour recevoir les lettres, les dépêches, ainsi que les agents du service des postes. L'espace réservé devra être fermé, éclairé et situé à l'étage inférieur des voitures.

L'administration des postes aura le droit de fixer à une voiture déterminée de chaque convoi une boîte aux lettres dont elle fera opérer la pose et la levée par ses agents.

Elle pourra installer à ses frais, risques et périls et sous sa responsabilité, des appareils spéciaux pour l'échange des dépêches, sans arrêt des trains.

L'administration des postes pourra, aussi : 1° requérir un second compartiment dans les conditions indiquées au paragraphe 1er ; 2° requérir l'introduction de voitures spéciales lui appartenant dans les convois ordinaires du chemin de fer, à condition que les dimensions et le poids par essieu de ces voitures ne dépassent pas les dimensions et le poids à pleine charge du modèle le plus grand et le plus lourd qui sera affecté au service régulier du chemin de fer.

Les prix des transports qui pourront être requis dans les conditions ci-dessus seront payés par l'administration des postes, conformément aux tarifs homologués, sauf dans le cas où l'État se serait engagé à fournir au concessionnaire une subvention par annuités. Dans ce cas, la mise à la disposition du service des postes d'un compartiment, en conformité du paragraphe 1er du présent article, sera effectuée gratuitement. Le prix de tous autres transports faits par le concesssionnaire, sur la réquisition de l'administration des postes, est, dès à présent, fixé à la moitié des tarifs homologués.

Les agents des postes et des télégraphes en service ne seront également assujettis qu'à la moitié de la taxe, dans le cas où la ligne serait subventionnée par le Trésor.

Dans le même cas, les matériaux nécessaires à l'établissement ou à l'entretien des lignes télégraphiques seront transportés à moitié prix des tarifs homologués.

L'administration des postes pourra enfin exiger, le concessionnaire et le département entendus, et après s'être mis d'accord avec le ministre des travaux publics, qu'un train spécial dans chaque sens soit ajouté au service ordinaire. Dans ce cas, que le chemin de fer soit subventionné ou non, le montant intégral des dépenses supplémentaires de toute nature que ce service spécial aura imposées au concessionnaire, déduction faite des produits qu'il aura pu en retirer, lui sera payé par l'administration des postes suivant le règlement qui en sera fait de gré à gré ou par deux arbitres. En cas de désaccord des arbitres, un tiers arbitre sera désigné par le conseil de préfecture.

Les employés chargés de la surveillance du service des postes, les agents préposés à l'échange ou à l'entrepôt des dépêches et à la levée des boîtes, auront accès dans les gares ou stations pour l'exécution de leur service, en se conformant aux règlements de police intérieure du chemin de fer.

Si le service des postes exige des bureaux d'entrepôt de dépêches dans les gares et stations, le concessionnaire sera tenu de lui fournir l'emplacement nécessaire ; cet emplacement sera déterminé sous l'approbation du ministre des travaux publics. L'administration des postes en payera le loyer dans le cas où le chemin de fer ne serait pas subventionné par l'État.

Lorsque le concessionnaire voudra changer les heures de départ des convois ordinaires, il sera tenu, dans tous les cas, d'avertir l'administration des postes quinze jours à l'avance.

175. — *Lignes télégraphiques.* Art. 57. Le concessionnaire sera tenu d'établir à ses frais, s'il en est requis par le ministre des travaux publics, les lignes et appareils télégraphiques destinés à transmettre les signaux nécessaires pour la sûreté et la régularité de son exploitation. Il devra toutefois, avant l'établissement des lignes, se pourvoir de l'autorisation du ministre des postes et des télégraphes.

Il pourra, avec l'autorisation du ministre des postes et des télégraphes, se servir des poteaux de la ligne télégraphique de l'Etat, sur les points où une ligne semblable existe le long de la voie : il ne pourra s'opposer à ce que l'État se serve des poteaux qu'il aura établis, afin d'y accrocher ses propres fils.

Le concessionnaire est tenu de se soumettre à tous les règlements d'administration publique concernant l'établissement et l'emploi des appareils télégraphiques, ainsi que l'organisation à ses frais du contrôle de ce service par les agents de l'État.

Les agents des postes et des télégraphes voyageant pour le contrôle du service de la ligne électrique du chemin de fer ou du service postal exécuté sur cette ligne auront le droit de circuler gratuitement dans les voitures du concessionnaire, sur le vu des cartes personnelles qui leur seront délivrées.

Dans le cas où l'État s'engagerait à fournir au concessionnaire une subvention par annuités, la même gratuité s'appliquerait aux agents voyageant pour la construction ou l'entretien des lignes télégraphiques établies le long de la voie ferrée.

Le Gouvernement aura la faculté de faire le long des voies, toutes les constructions, de poser tous les appareils nécessaires à l'établissement d'une ou plusieurs lignes télégraphiques sans nuire au service du chemin de fer. Il pourra aussi déposer sur les terrains dépendant du chemin de fer le matériel nécessaire à ces lignes ; mais il devra le retirer dans le cas où il serait reconnu par le préfet que le concessionnaire a besoin de ces terrains pour le service du chemin de fer.

Sur la demande du ministre des postes et des télégraphes, il sera réservé, dans les gares des villes et des localités qui seront désignées ultérieurement, le terrain nécessaire à l'établissement des maisonnettes destinées à recevoir le bureau télégraphique et son matériel.

Le concessionnaire sera tenu de faire garder par ses agents ordinaires les fils des lignes télégraphiques, de donner aux employés des télégraphes connaissance de tous les accidents qui pourraient survenir et leur en faire connaître les causes.

En cas de rupture des fils télégraphiques, les employés du concessionnaire auront à raccrocher provisoirement les bouts séparés, d'après les instructions qui leur seront données à cet effet.

En cas de rupture des fils télégraphiques ou d'accidents graves, une locomotive sera mise immédiatement à la disposition de l'inspecteur-ingénieur de la ligne télégraphique, pour le transporter sur le lieu de l'accident avec les hommes et les matériaux nécessaires à la réparation. Ce transport devra être effectué dans des conditions telles qu'il ne puisse entraver en rien la circulation publique.

Il sera alloué au concessionnaire une indemnité de

cinquante centimes par kilomètre parcouru par la machine, quand le dommage ne proviendra pas du fait du concessionnaire ou de ses agents.

Dans le cas où des déplacements de fils, appareils ou poteaux deviendraient nécessaires par suite de travaux exécutés sur le chemin, ces déplacements auraient lieu, aux frais du concessionnaire, par les soins de l'administration des lignes télégraphiques.

Le concessionnaire ne pourra se refuser à recevoir et à transmettre les télégrammes officiels par ses fils et appareils, et dans des conditions qui seront déterminées par le ministre des postes et des télégraphes.

Dans le cas où le ministre des postes et des télégraphes jugera utile d'ouvrir au service privé certaines gares de la ligne, il devra s'entendre avec le concessionnaire pour régler les conditions et le prix de ce service.

Les fonctionnaires, agents et ouvriers commissionnés, chargés de la construction, de la surveillance et de l'entretien des lignes télégraphiques, ont accès dans les gares et stations et sur la voie ferrée et ses dépendances, pour l'exécution de leur service, en se conformant aux règlements de police intérieure.

Titre VI. — Clauses diverses.

176. — *Construction de nouvelles voies de communication.* Art. 58. Dans le cas où le gouvernement, le département ou les communes ordonneraient ou autoriseraient la construction de routes nationales, départementales ou vicinales, de chemin de fer ou de canaux qui traverseraient la ligne objet de la présente concession, le concessionnaire ne pourra s'opposer à ces travaux, mais toutes les dispositions nécessaires seront prises pour qu'il n'en résulte aucun obstacle à la construction ou au service du chemin de fer, ni aucun frais pour le concessionnaire.

177. — *Concessions ultérieures de nouvelles lignes.* Art. 59. Toute exécution ou autorisation ultérieure de route, de canal, de chemin de fer, de travaux de navigation dans la contrée où est situé le chemin de fer objet de la présente concession, ou dans toute autre contrée voisine ou éloignée, ne pourra donner ouverture à aucune demande d'indemnité de la part du concessionnaire.

178. — *Concessions de chemins de fer d'embranchement et de prolongement.* Art. 60. Le gouvernement, le département et les communes auront le droit de concéder de nouveaux chemins de fer s'embranchant sur le chemin qui fait l'objet du présent cahier des charges, ou qui seraient établis en prolongement du même chemin.

Le concessionnaire ne pourra mettre aucun obstacle à ces embranchements, ni réclamer, à l'occasion de leur établissement, une indemnité quelconque, pourvu qu'il n'en résulte aucun obstacle à la circulation, ni aucun frais particulier pour le concessionnaire.

Les concessionnaires de chemins de fer d'embranchement ou de prolongement auront la faculté, moyennant les tarifs ci-dessous déterminés et l'observation du paragraphe 1er de l'article 31, ainsi que des règlements de police et de service établis ou à établir, de faire circuler leurs voitures, wagons et machines sur le chemin de fer objet de la présente concession, pour lequel cette faculté sera réciproque à l'égard desdits embranchements et prolongements.

Dans ces cas, lesdits concessionnaires ne payeront le prix du péage que pour le nombre de kilomètres réellement parcourus, un kilomètre entamé étant d'ailleurs considéré comme parcouru.

Dans le cas où les divers concessionnaires ne pourraient s'entendre sur l'exercice de cette faculté, le ministre des travaux publics statuerait sur les difficultés qui s'élèveraient entre eux à cet égard.

Le concessionnaire ne pourra toutefois être tenu à admettre sur ces rails un matériel dont le poids serait hors de proportion avec les éléments constitutifs de ses voies.

Dans le cas où un concessionnaire d'embranchement ou de prolongement joignant la ligne qui fait l'objet de la présente concession n'userait pas de la faculté de circuler sur cette ligne, comme aussi dans le cas où le concessionnaire de cette dernière ligne ne voudrait pas circuler sur les prolongements et embranchements, les concessionnaires seraient tenus de s'arranger entre eux de manière que le service de transport ne soit jamais interrompu aux points de jonction des diverses lignes.

Celui des concessionnaires qui se servira d'un matériel qui ne serait pas sa propriété payera une indemnité en rapport avec l'usage et la détérioration de ce matériel. Dans le cas où les concessionnaires ne se mettraient pas d'accord sur la quotité de l'indemnité ou sur les moyens d'assurer la continuation du service sur toutes les lignes, l'administration y pourvoirait d'office et prescrirait toutes les mesures nécessaires.

179. — *Gares communes.* Le concessionnaire sera tenu, si l'autorité compétente le juge convenable, de partager l'usage des stations établies à l'origine des chemins de fer d'embranchement avec les compagnies qui deviendraient ultérieurement concessionnaires desdits chemins.

Il sera fait un partage équitable des frais communs résultant de l'usage desdites gares, et les redevances à payer par les compagnies nouvelles seront, en cas de dissentiment, réglées par voie d'arbitrage.

En cas de désaccord sur le principe ou l'exercice de

l'usage commun des gares, il sera statué, le concessionnaire entendu, savoir :

Par le préfet, si les deux chemins sont d'intérêt local et situés dans le même département ;

Par le ministre si les deux lignes ne sont pas situées dans le même département, ou si l'un des deux chemins est d'intérêt général.

180. — *Embranchements industriels*. Art. 61. Le concessionnaire sera tenu de s'entendre avec tous propriétaires de mines ou d'usines qui, offrant de se soumettre aux conditions prescrites ci-après, demanderaient un embranchement ; à défaut d'accord, le préfet statuera sur la demande, le concessionnaire entendu.

Les embranchements seront construits aux frais des propriétaires de mines et d'usines, et de manière qu'il ne résulte de leur établissement aucune entrave à la circulation générale, aucune cause d'avarie pour le matériel, ni aucuns frais particuliers pour la compagnie.

Leur entretien devra être fait avec soin et aux frais de leurs propriétaires, et sous le contrôle du préfet. Le concessionnaire aura le droit de faire surveiller par ses agents cet entretien, ainsi que l'emploi de son matériel sur les embranchements.

Le préfet pourra, à toutes époques, prescrire les modifications qui seraient jugées utiles dans la soudure, le tracé ou l'établissement de la voie desdits embranchements, et les changements seront opérés aux frais des propriétaires.

Le préfet pourra même, après avoir entendu les propriétaires, ordonner l'enlèvement temporaire des aiguilles de soudure, dans le cas où les établissements embranchés viendraient à suspendre en tout ou en partie leurs transports.

Le concessionnaires sera tenu d'envoyer ses wagons sur tous les embranchements autorisés destinés à faire communiquer des établissements de mines ou d'usines avec la ligne principale du chemin de fer.

Le concessionnaire amènera ses wagons à l'entrée des embranchements.

Les expéditeurs ou destinataires feront conduire les wagons dans leurs établissements pour les charger ou décharger, et les ramèneront au point de jonction avec la ligne principale, le tout à leurs frais.

Les wagons ne pourront d'ailleurs être employés qu'au transport d'objets et marchandises destinés à la ligne principale du chemin de fer.

Le temps pendant lequel les wagons séjourneront sur les embranchements particuliers ne pourra excéder six heures lorsque l'embranchement n'aura pas plus d'un kilomètre. Ce temps sera augmenté d'une demi-heure par kilomètre en sus du premier, non compris les heures de la nuit, depuis le coucher jusqu'au lever du soleil.

Dans le cas où les limites de temps seraient dépassées, nonobstant l'avertissement spécial donné par le concessionnaire, il pourra exiger une indemnité égale à la valeur du droit de loyer des wagons, pour chaque période de retard après l'avertissement.

Les traitements des gardiens d'aiguilles et des barrières des embranchements autorisés par le préfet seront à la charge des propriétaires des embranchements. Ces gardiens seront nommés et payés par le concessionnaire, et les frais qui en résulteront lui seront remboursés par lesdits propriétaires.

En cas de difficulté, il sera statué par l'administration, le concessionnaire entendu.

Les propriétaires d'embranchements seront responsables des avaries que le matériel pourrait éprouver pendant son parcours ou son séjour sur ces lignes.

Dans le cas d'inexécution d'une ou de plusieurs des conditions énoncées ci-dessus, le préfet pourra, sur la plainte du concessionnaire et après avoir entendu le propriétaire de l'embranchement, ordonner par un arrêté la suspension du service et faire supprimer la soudure, sauf recours à l'administration supérieure et sans préjudice de tous dommages-intérêts que le concessionnaire serait en droit de répéter pour la non-exécution de ces conditions.

181. — *Tarifs à percevoir pour le matériel prêté.* Pour indemniser le concessionnaire de la fourniture et de son matériel sur les embranchements, il est autorisé à percevoir un prix fixe de *douze centimes* (0 fr. 12 c.) par tonne pour le premier kilomètre, et, en outre, *quatre centimes* (0 fr. 04 c.) par tonne et par kilomètre en sus du premier, lorsque la longeur de l'embranchement excédera 1 kilomètre.

Tout kilomètre entamé sera payé comme s'il avait été parcouru en entier.

Le chargement et le déchargement sur les embranchements s'opèreront aux frais des expéditeurs ou destinataires, soit qu'ils les fassent eux-mêmes, soit que la compagnie du chemin de fer consente à les opérer.

Dans ce dernier cas, ces frais seront l'objet d'un règlement arrêté par le préfet, sur la proposition du concessionnaire.

Tout wagon envoyé par le concessionnaire sur un embranchement devra être payé comme un wagon complet, lors même qu'il ne serait pas complétement chargé.

La surcharge, s'il y en a, sera payée au prix du tarif légal et au prorata du poids réel. Le concessionnaire sera en droit de refuser les chargements qui dépasseraient le maximum de *trois mille cinq cents kilogrammes* déterminé en raison des dimensions actuelles des wagons.

Le maximum sera revisé par le préfet de manière à être toujours en rapport avec la capacité des wagons.

Les wagons seront pesés à la station d'arrivée par les soins et aux frais du concessionnaire.

182. — *Contribution foncière*. Art. 62. La contribution foncière sera établie en raison de la surface des terrains occupés par le chemin de fer et ses dépendances ; la cote en sera calculée, comme pour les canaux, conformément à la loi du 25 avril 1803.

Les bâtiments et magasins dépendant de l'exploitation du chemin de fer seront assimilés aux propriétés bâties de la localité. Toutes les contributions auxquelles ces édifices pourront être soumis seront, aussi bien que la contribution foncière, à la charge du concessionnaire.

183. — *Agents du concessionnaire*. Art. 63. Les agents et gardes que le concessionnaire établira, soit pour la réception des droits, soit pour la surveillance et la police du chemin de fer et de ses dépendances, pourront être assermentés, et seront, dans ce cas, assimilés aux gardes champêtres.

184. — *Inspecteurs spéciaux*. Art. 64. Il pourra être institué près du concessionnaire un ou plusieurs commissaires chargés d'exercer une surveillance spéciale sur tout ce qui ne rentre pas dans les attributions des agents du contrôle.

185. — *Frais de contrôle*. Art. 65. Les frais de visite, de surveillance et de réception des travaux et les frais de contrôle de l'exploitation seront supportés par le concessionnaire.

Afin de pourvoir à ces frais, le concessionnaire sera tenu de verser chaque année, à la caisse centrale du trésorier payeur général du département, une somme de francs par chaque kilomètre de chemin de fer concédé.

Si le concessionnaire ne verse pas la somme ci-dessus réglée aux époques qui auront été fixées, le préfet rendra un rôle exécutoire et le montant en sera recouvré comme en matière de contributions directes, au profit du *département.*

186. — *Cautionnement.* Art. 66. Avant la signature de l'acte de concession, le concessionnaire déposera à la caisse des dépôts et consignations une somme de

en numéraire ou en rente sur l'état calculées conformément au décret du 31 janvier 1872, ou en bons du Trésor, avec transfert, au profit de ladite caisse, de celle de ces valeurs qui seraient nominatives ou à ordres.

Cette somme formera le cautionnement de l'entreprise.

Les *quatre cinquièmes* en seront rendus au concessionnaire par *cinquième* et proportionnellement à l'avancement des travaux. Le dernier *cinquième* ne sera remboursé qu'après l'expiration de la concession.

187. — *Election de domicile.* Art. 67. Le concessionnaire devra faire élection de domicile à

Dans le cas où il ne l'aurait pas fait, toute notification ou signification à lui adressée sera valable lorsqu'elle sera faite au secrétariat général de la préfecture de

188. — *Jugement des contestations.* Art 68. Les contestations qui s'élèveraient entre le concessionnaire et l'administration au sujet de l'exécution et de l'interprétation des clauses du présent cahier des charges, seront jugées administrativement par le conseil de préfecture du département d

sauf recours au conseil d'état.

189. — *Frais d'enregistrement.* Art. 69. Les frais d'enregistrement du présent cahier des charges et de la convention ci-annexée seront supportés par le concessionnaire.

Le président de la République française,

Sur le rapport du ministre des travaux publics,

Vu l'article 30 de la loi du 11 juin 1880 aux termes duquel un cahier des charges type pour la concession des tramways doit être approuvé par le conseil d'état ;

Vu l'instruction à laquelle a donné lieu la préparation de ce cahier des charges type, notamment les avis du conseil général des ponts et chaussées, en date des 20 janvier et 7 juillet 1881 ;

Le conseil d'état entendu,

Décrète :

Art. 1er. Est approuvé le cahier des charges type ci-annexé, dressé en exécution de l'article 30 de la loi du 11 juin 1880 pour la concession des tramways.

Art. 2. Le ministre des travaux publics est chargé de l'exécution du présent décret.

Fait à Paris, le 6 août 1881.

JULES GRÉVY.

Par le Président de la République :

Le ministre des travaux publics.

SADI CARNOT.

CAHIER DES CHARGES TYPE[1]

POUR LA CONCESSION DES TRAMWAYS

Titre Ier. — Tracé et construction.

190. — *Objet de la concession.* Art. 1er. Le *réseau*[2] de tramways qui fait l'objet du présent cahier des charges est destiné au transport *des voyageurs et des marchandises*[3].

La traction aura lieu par *chevaux*[4].

191. — *Tracé*. Art. 2. *Ce réseau comprendra les lignes suivantes*[5], et empruntera les voies publiques ci-après désignées[6] :

192. — *Délais d'exécution.* Art. 3. Les projets d'exécution seront présentés dans un délai de. . . . à partir de la date du décret déclaratif d'utilité publique.

Les travaux devront être commencés dans un délai de. . . . . à partir de la même date. Ils seront

[1] La présente formule type de cahier des charges est rédigée dans l'hypothèse d'une concession conférée par *l'État* à un *département*. Ces mots seront modifiés partout où ils sont imprimés *en lettres italiques*, suivant que l'on se trouvera dans l'un ou l'autre des cas prévus par les articles 27 et 28 de la loi du 11 juin 1880.

On a aussi imprimé en *italiques* les autres mots et chiffres qui peuvent être modifiés suivant les circonstances.

[2] Ou la ligne.

[3] Ou au service exclusif des voyageurs.

[4] Ou par locomotives à vapeur ou par moteur mécanique de tout autre système.

[5] Ou la ligne partira de...

[6] Indiquer les déviations, s'il y a lieu.

poursuivis et terminés de telle façon *que la section de*. . . . . à . . . . soit livrée à l'exploitation le. . . . ., *la section de*. . . . . à. . . . . . . le. . . . . . . , et le *réseau* entier le. . . . .

193. — *Largeur de la voie. — Gabarit du matériel roulant*. Art. 4. La largeur de la voie entre les bords intérieurs des rails devra être de [1].

La largeur des locomotives et des caisses des véhicules ainsi que de leur chargement, ne dépassera pas [2] . . . . . et la largeur du matériel roulant, y compris toutes saillies, notamment celle des marchepieds latéraux, restera inférieure à [3] . . . . ; la hauteur du matériel roulant au-dessus des rails sera au plus de [4]...

Dans les parties à deux voies, la largeur de l'entre-voie, mesurée entre les bords extérieurs des rails sera de [5]. . . . .

194. — *Alignements et courbes. — Pentes et rampes*. Art. 5. Les alignements seront raccordés entre eux par des courbes dont le rayon ne pourra être inférieur à [6]. . . Le maximum des déclivités est fixé à [7]. . . . .

[1] De 1m 44 pour les tramways à voie large, de 1 m. ou de 0m 75 pour les tramways à voie étroite.

[2] Largeur à déterminer dans chaque cas particulier :
Maximum admissible : Voie de 1m 44, 2m 80 : voie de 1m, 2m 50; voie de 0m 75, 1m 875.

[3] Maximum admissible : Voie de 1m 44, 3m 10; voie de 1m, 2m 80; voie de 0m 75, 2m 175.

[4] 4m 20 au plus pour la voie de 1m44. Hauteur à déterminer dans chaque cas particulier pour les autres voies.

[5] La largeur de l'entre-voie sera réglée de telle façon qu'entre les parties les plus saillantes de deux véhicules qui se croisent il y ait un intervalle libre d'au moins cinquante centimètres (0m 50).

[6] En général, 40 mètres pour le cas de voies ferrées exploitées au moyen de locomotives, et 20 mètres pour les lignes à traction de chevaux.

[7] En général, 40 millièmes.

Les déclivités correspondant aux courbes de faible rayon devront être réduites autant que faire se pourra.

Le concessionnaire aura la faculté, dans des cas exceptionnels, de proposer aux dispositions du présent article les modifications qui lui paraîtraient utiles, mais ces modifications ne pourront être exécutées que moyennant l'approbation préalable du préfet.

195. — *Établissement de la voie ferrée. — Parties accessibles aux voitures ordinaires.* Art. 6. Dans les sections où le tramway sera établi dans la chaussée, avec rails noyés, des voies de fer seront posées au niveau du sol, sans saillie ni dépression, suivant le profit normal de la voie publique, et sans aucune altération de ce profil soit dans le sens traversal, soit dans le sens longitudinal, à moins d'une autorisation spéciale du préfet. Les rails seront compris dans un *pavage* [1] de vingt centimètres ($0^{m}20$) d'épaisseur qui règnera dans l'entre-rails, et à cinquante centimètres (0^{m}, 50) au moins de chaque côté, conformément aux dispositions prescrites par le préfet sur la proposition du concessionnaire, qui restera chargé d'établir à ses frais ce *pavage*.

La chaussée *pavée* [2] de la voie publique sera d'ailleurs conservée ou établie avec des dimensions telles qu'en dehors de l'espace occupé par le matériel du tramvay (toutes saillies comprises) il reste une largeur libre de chaussée d'au moins deux mètres soixante centimètres (2^{m},60), permettant à une voiture ordinaire de se ranger pour laisser passer le matériel du tramway avec le jeu nécessaire.

Un intervalle libre d'au moins un mètre dix centimètres

[1] Ou dans un *empierrement* suivant la nature la fréquentation de la chaussée dont il s'agit, sa situation en rase campagne ou en traverse, etc.

[2] Ou *empierré*.

($1^m,10$) de largeur sera réservé d'autre part entre le matériel de la voie ferrée (toutes saillies comprises) et la verticale de l'arête extérieure de la plate-forme de la voie publique.

196. *Etablissement de la voie ferrée.* — ***Parties non accessibles aux voitures ordinaires.*** Art. 7. Si la voie ferrée est établie sur un accotement qui, tout en restant accessible aux piétons, sera interdit aux voitures ordinaires, elle reposera sur une couche de ballast exclusivement composé de *pierre cassée*[1] de . . . . de largeur[2] et d'au moins trente-cinq centimètres ($0^m,35$) d'épaisseur totale, qui sera arasée de niveau avec la surface de l'accotement relevé en forme de trottoir.

La partie de la voie publique qui restera réservée à la circulation des voitures ordinaires présentera une largeur d'au moins *six mètres*[3] mesurée en dehors de l'accotement occupé par la voie ferrée et en dehors des emplacements qui seront affectés au dépôt des matériaux d'entretien de la route.

L'accotement occupé par la voie ferrée sera limité du côté de la route au moyen d'une bordure d'au moins douze centimètres (0^m, 12) de saillie, d'une solidité suffisante ; dans les parties de route et de chemins dont la déclivité dépassera trois centimètres par mètre ($0^m,03$), cette bordure sera accompagnée et soutenue par un demi-caniveau pavé qui n'aura pas moins de trente centimètres ($0^m,30$) de largeur. Un intervalle libre de trente

[1] Ou de *gravier*, suivant la nature, la fréquentation de la chaussée dont il s'agit, sa situation en rase campagne ou en traverse, etc.

[2] Largeur égale à la largeur de la voie augmentée d'au moins $0^m,80$.

[3] Six mètres sont le minimum admissible pour une route nationale.

centimètres (0m,30) au moins sera réservé entre la verticale de l'arête de cette bordure et la partie la plus saillante du matériel de la voie ferrée ; un autre intervalle libre d'un mètre dix centimètres (1m,10) subsistera entre ce matériel et la verticale de l'arête extérieure de l'accotement de la route.

Les rails, qui à l'extérieur seront au niveau de l'accotemen régularisé, ne formeront sur l'entre-rails que la saillie nécessaire pour le passage des boudins des roues du matériel de la voie ferrée.

197. — *traverses des villes et villages*. Art. 8. Dans les traverses des villes et des villages, les voies ferrées de vront, à moins d'une autorisation spéciale du préfet, être établies avec rails noyés dans la chaussée entre les deux trottoirs, ou du moins entre les deux zones à réserver pour l'établissement de trottoirs, et suivant le type décrit à l'article 6.

Le minimum des largeurs à réserver est fixé d'après les cotes suivantes :

a) Pour un trottoir, un mètres dix centimètres (1m, 10) ;

b) Entre le matériel de la voie ferrée (partie la plus saillante et le bord d'un trottoir.

1° Quand on réserve le stationnement des voitures ordinaires, deux mètres soixante centimètres (2m.60) ;

2° Quand on supprime ce stationnement, trente centimètres (0m,30).

198. — *Exécution des travaux*. Art. 9. Le déchet résultant de la démolition et du rétablissement des chaussées sera couvert par des fournitures de matériaux neufs de la nature et de la qualité de ceux qui sont employés dans lesdites chaussées.

Pour le rétablissement des chaussés pavées au moment de la pose de la voie ferrée, il sera fourni, en outre, la quantité de boutisses nécessaire afin d'opérer ce rétablissement suivant les règles de l'art, en évitant l'emploi des demi-pavés.

Les vieux matériaux provenant des anciennes chaussées remaniées ou refaites à neuf qui n'auront pas trouvé leur emploi dans la réfection seront laissés à la libre disposition du concessionnaire.

Les fers, bois et autres éléments constitutifs des voies ferrées devront être de bonne qualité et propres à remplir leur destination.

199. — *Voies.* Art. 10. Les voies devront être établies d'une manière solide et avec des matériaux de bonne qualité.

Les rails seront en. . . . . . et du poid de . . . . . kilogrammes au moins par mètre courant ; ils seront posés sur [1].

200. — *Gares et stations.* Art. 11 [2]. Les voitures devront s'arrêter en pleine voie pour prendre ou laisser des voyageurs *et des marchandises* sur tous les points du parcours, sauf sur les sections ci-dessous indiquées :

. . . .

Le nombre et l'emplacement des gares, stations et haltes seront arrêtés lors de l'approbation des projets définitifs. Il est toutefois entendu dès à présent qu'il sera établi des stations ou des haltes pour le service des

[1] Les blancs laissés dans l'article 10 seront remplis suivant le type de voie, de supports, d'éclissage, d'entretoisement, etc.

[2] Cet article sera modifié dans le cas où l'on adoptera l'un des deux autres modes d'exploitation prévus par le règlement d'administration publique : arrêts en pleine voie sur tout le parcours ou arrêts seulement à des gares, stations ou haltes déterminées.

voyageurs, *et des gares pour la réception et la livraison des marchandises*, suivant les indications ci-après :

Titre II. — Entretien et exploitation.

201. — *Entretien.*Art. 12. Sur les sections où la voie ferrée est accessible aux voitures ordinaires (sections à rails noyés dans la chaussée), l'entretien qui est à la charge du concessionnaire comprend le *pavage* [1] des entre-rails et de l'entre-voie, ainsi que des zones de cinquante centimètres ($0^m,50$) qui servent d'accotements extérieurs aux rails.

Une subvention de [2] *est allouée au concessionnaire sur les fonds d'entretien de la route* [3], *en raison de l'usure qui résultera de la circulation des voitures ordinaires sur la largeur de chaussée qui est affectée au service de la voie ferrée. Ce chiffre pourra être révisé tous les cinq ans.*

202. — *Réfection des parties de route ou de chemin atteintes par les travaux de la voie ferrée.* Art. 13. Lorsque pour la construction ou la réparation de la voie ferrée, il sera nécessaire de démolir des parties pavées ou empierrées de la voie publique situées en dehors des zones ou de l'accotement indiqués ci-dessus, il devra être pourvu par le concessionnaire à l'entretien de ces parties pendant une année à dater de la réception provisoire des travaux de réfection ; il en sera de même pour tous les ouvrages souterrains.

203. — *Nombre minimum des voyages.* Art. 14. Le

[1] Ou *l'empierrement.*
[2] Subvention à fixer dans chaque cas particulier.
[3] Ou *du chemin.*

nombre minimum des voyages qui devront être faits tous les jours, dans chaque sens, *sur la ligne entière*, est fixé à

204. — *Limitation de la vitesse et de la longueur des trains.* Art. 15. Les trains se composeront de voitures au plus et leur longueur totale ne dépassera pas

La vitesse des trains en marche sera au plus de kilomètres à l'heure [1].

Titre III. — Durée et déchéance de la concession.

205. — *Durée de la concession.* Art. 16. La durée de la concession *du réseau* [2] mentionné à l'article 2 du présent cahier des charges commencera à courir de la date du décret d'autorisation, et elle prendra fin le

206. — *Expiration de la concession.* Art. 17. A l'époque fixée pour l'expiration de la concession, et par le seul fait de cette expiration, l'*Etat* sera subrogé à tous les droits du concessionnaire sur la voie ferrée et ses dépendances, et il entrera immédiatement en jouissance de tous ses produits.

Le concessionnaire sera tenu de lui remettre en bon état d'entretien la voie ferrée et tous les immeubles fai-

[1] Aux termes des articles 30 et 33 du règlement d'administration publique sur les lignes de tramways à traction mécanique, la longueur des trains ne peut, en aucun cas, dépasser soixante mètres et la vitesse ne peut excéder vingt kilomètres à l'heure. L'article 15 a pour but de permettre à l'autorité concédante de réduire les maxima lorsqu'elle le croira nécessaire.

[2] Ou de la ligne.

sant partie du domaine public qui en dépendent. Il en sera de même de tous les objets immobiliers dépendant de ladite voie, tels que les barrières et clôtures, les changements de voies, plaques tournantes, réservoirs d'eau, grues hydrauliques, machines fixes, bureaux d'attente et de contrôle, etc.

Dans les cinq dernières années qui précèderont le terme de la concession, l'*Etat* aura le droit de saisir les revenus du tramway et de les employer à rétablir en bon état la voie ferrée et ses dépendances, si le concessionnaire ne se mettait pas en mesure de satisfaire pleinement et entièrement à cette obligation.

En ce qui concerne les objets mobiliers tels que le matériel roulant, le mobilier des stations, l'outillage des ateliers et des gares, l'*Etat* se réserve le droit de les reprendre en totalité ou pour telle partie qu'il jugera convenable, à dire d'experts, mais sans pouvoir y être contraint. La valeur des objets repris sera payée au concessionnaire dans les six mois qui suivront l'expiration de la concession et la remise du matériel à l'*Etat*.

L'*Etat* sera tenu, si le concessionnaire le requiert, de reprendre en outre les matériaux, combustibles et approvisionnements de tout genre sur l'estimation qui en sera faite à dire d'experts ; et, réciproquement, si l'*Etat* le requiert, le concessionnaire sera tenu de céder ces approvisionnements de la même manière. Toutefois l'*Etat* ne pourra être obligé de reprendre que les approvisionnements nécessaires à l'exploitation du tramway pendant six mois.

Les dispositions qui précèdent ne sont applicables qu'au cas où le *Gouvernement* déciderait que les voies ferrées doivent être maintenues en tout ou en partie.

207. — *Remise des lieux dans l'état primitif*. Art. 18. Dans le cas où le Gouvernement déciderait, au contraire, que les voies ferrées doivent être supprimées en tout ou en partie, ces voies seront enlevées et les lieux seront remis dans l'état primitif par les soins et aux frais du concessionnaire, sans qu'il puisse prétendre à aucune indemnité.

208. — *Rachat de la concession.* Art. 19. L'*Etat* aura toujours le droit de racheter la concession.

Si le rachat a lieu avant l'expiration des *quinze* premières années de l'exploitation, il se fera conformément au paragraphe 3 de l'article 11 de la loi du 11 juin 1880. Ce terme de *quinze* ans sera compté à partir de la mise en exploitation effective *du réseau entier*, ou au plus tard à partir de la fin du délai qui est fixé dans l'article 3 du présent cahier des charges, sans tenir compte des retards qui auraient eu lieu dans l'achèvement des travaux.

Si le rachat de la concession entière est réclamé par l'*Etat* après l'expiration des *quinze* premières années de l'exploitation, on règlera le prix du rachat, en relevant les produits nets annuels obtenus par le concessionnaire pendant les *sept* années qui auront précédé celle où le rachat sera effectué et en y comprenant les annuités qui auront été payées à titre de subvention, on en déduira les produits nets des *deux* plus faibles années, et l'on établira le produit net moyen des *cinq* autres années.

Ce produit net moyen formera le montant d'une annuité qui sera due et payée au concessionnaire pendant chacune des années restant à courir sur la durée de la concession.

Dans aucun cas, le montant de l'annuité ne sera inférieur au produit net de la dernière des *sept* années prises pour terme de comparaison.

Le concessionnaire recevra, en outre, dans les six mois qui suivront le rachat, les remboursements auxquels il aurait droit à l'expiration de la concession, suivant le 4e et le 5e paragraphes de l'article 17, la reprise de la totalité des objets mobiliers étant ici obligatoire dans tous les cas pour l'*Etat*.

Le concessionnaire ne pourra élever aucune réclamation dans le cas où, par suite d'un changement dans le classement des routes et chemins empruntés par la voie ferrée, une nouvelle autorité serait substituée à celle de qui émane la concession.

La nouvelle autorité aura les mêmes droits que celle qui a fait la concession.

209. — *Déchéance*. Art. 20. Si le concessionnaire n'a pas remis au préfet tous les projets définitifs, ou s'il n'a pas commencé les travaux dans les délais fixés par l'article 3, il encourra la déchéance qui, après mise en demeure, sera prononcée par le ministre des travaux publics, sauf recours au conseil d'Etat par la voie contentieuse.

Dans ces deux cas, la somme qui aura été déposée, ainsi qu'il sera dit à l'article 38, à titre de cautionnement, deviendra la propriété de l'*Etat* et lui restera acquise.

210. *Achèvement des travaux en cas de déchéance*. Art. 21. Faute par le concessionnaire d'avoir poursuivi et terminé les travaux dans les délais et conditions fixés par l'article 3, faute aussi par lui d'avoir rempli les diverses obligations qui lui sont imposées par le règlement d'administration publique du août 1881 ainsi que par le présent cahier des charges, et dans le cas prévu par l'article 10 de la loi du 11 juin 1880, il encourra soit la perte partielle de son cautionnement dans les conditions qui seraient prévues par l'acte de concession, soit la perte totale de ce cautionnement, soit la déchéance. Dans tous les cas, il sera statué par le ministre des travaux publics, après mise en demeure sauf recours au conseil d'Etat par la voie contentieuse. Dans les deux premiers cas, le cautionnement devra être reconstitué dans le mois de la décision ministérielle.

En cas de déchéance, il sera pourvu tant à la continuation et à l'achèvement des travaux qu'à l'exécution des autres engagements contractés par le concessionnaire, conformément à l'article 41 du règlement d'administration publique du août 1881.

211. — *Cas de force majeure.* Art. 22. Les dispositions des deux articles qui précèdent ne seraient pas applicables, et la déchéance ne serait pas encourue, dans le cas où le concessionnaire n'aurait pu remplir ses obligations par suite de circonstances de force majeure dûment constatées.

Titre IV[1]. — Taxes et conditions relatives au transport des voyageurs et des marchandises.

212. — *Tarif des droits à percevoir.* Art. 23. Pour indemniser le concessionnaire des travaux et dépenses qu'il s'engage à faire par le présent cahier des charges et sous la condition expresse qu'il en remplira exactement toutes les obligations, il est autorisé à percevoir, pendant toute la durée de la concession, les droits de péage et les prix de transport ci-après déterminés :

[1] Les articles du titre IV sont susceptibles d'être les uns réduits à un petit nombre de dispositions, les autres laissés en blanc lorsque le tramway ne sera affecté qu'à un service de voyageurs seulement ou de voyageurs et de messageries; mais il conviendra de ne pas modifier le numérotage des articles suivants.

TARIF	PRIX de péage	PRIX de transport	PRIX Totaux
1° PAR TÊTE ET PAR KILOMÈTRE			
Grande vitesse	(1)	(1)	(1)
Voyageurs. — Voitures couvertes, garnies et fermées à glaces (1re classe)	0 067	0 033	0 10
Voitures couvertes, fermées, à glaces, et à banquettes rembourrées (2e classe)	0 050	0 025	0 075
Voitures couvertes et fermées à vitres (3e classe)	0 037	0 018	0 055
Enfants. — Au-dessous de trois ans, les enfants ne payent rien, à la condition d'être portés sur les genoux des personnes qui les accompagnent.			
De trois à sept ans, ils payent demi-place et ont droit à une place distincte ; toutefois, dans un même compartiment, deux enfants ne pourront occuper que la place d'un voyageur.			
Au-dessus de sept ans, ils payent place entière.			
Chiens transportés dans les trains de voyageurs	0 01	0 005	0 015
Sans que la perception puisse être inférieure à 30 centimes.			
Petite vitesse			
Bœufs, vaches, taureaux, chevaux, mulets, bêtes de trait	0 07	0 03	0 10
Veaux et porcs	0 025	0 015	0 04
Moutons, brebis, agneaux, chèvres.	0 01	0 01	0 02
Lorsque les animaux ci-dessus dénommés seront, sur la demande des expéditeurs, transportés à la vitesse des trains de voyageurs, les prix seront doublés.			

[1] Chiffres à fixer pour chaque concession ; les chiffres inscrits ci-dessus sont présentés à titre de renseignement utile à consulter.

TARIF	PRIX de péage	PRIX de transport	PRIX Totaux
2° PAR TONNE ET PAR KILOMÈTRE			
Marchandises transportées à grande vitesse			
Huîtres, poissons frais, denrées, excédent de bagages et marchandises de toute classe transportées à la vitesse des trains de voyageurs.	0 20	0 16	0 36
Marchandises transportées à petite vitesse			
1re classe. — Spiritueux, huiles, bois de menuiserie, de teinture et autres bois exotiques, produits chimiques non dénommés, œufs, viande fraîche, gibier, sucre, café, drogues, épiceries, tissus, denrées coloniales, objets manufacturés, armes	0 09	0 07	0 16
2e classe. — Blés, grains, farines, légumes farineux, riz, maïs, châtaignes et autres denrées alimentaires non dénommés, chaux et plâtre, charbon de bois, bois à brûler dit *de corde*, perches, chevrons, planches, madriers, bois de charpente, marbre en bloc, albâtre, bitume, cotons, laines, vins, vinaigres, boissons, bières, levûre sèche, coke, fers, cuivres, plomb et autres métaux ouvrés ou non, fontes moulées	0 08	0 06	0 14
3e classe. — Pierres de taille et produits de carrières, minerais autres que les minerais de fer, fonte brute, sel, moellons, meulières, argiles, briques, ardoises . . .	0 06	0 04	0 10
4e classe. — Houille, marne, cendres, fumiers, engrais, pierres à chaux et à plâtre, pavés et matériaux pour la construction et la réparation des routes, minerais de fer, cailloux et sables	0 05	0 03	0 08

TARIF	PRIX de péage	PRIX de transport	PRIX Totaux
Tarif spécial par wagon complet			
Marchandises des 1re, 2e, 3e et 4e cl.	0 04	0 02	0 06
Les foins, fourrages, pailles et toutes marchandises ne pesant pas *six cents* kilogrammes sous le volume d'un mètre cube, cinquante centimes (0 fr. 50 par wagon et par kilom.			
3° VOITURES ET MATÉRIEL ROULANT TRANSPORTÉS A PETITE VITESSE			
Par pièce et par kilomètre			
Wagon ou chariot pouvant porter de 3 à 6 tonnes	0 09	0 06	0 15
Wagon ou chariot pouvant porter plus de 6 tonnes.	0 12	0 08	0 20
Locomotive pesant de 12 à 18 tonnes (ne traînant pas de convoi). . .	1 80	1 20	3 »
Locomotive pesant plus de 18 tonnes (ne traînant pas de convoi). . .	2 25	1 50	3 75
Tender de 7 à 10 tonnes	0 90	0 60	1 50
Tender de plus de 10 tonnes . . .	1 35	0 90	2 25
Les machines locomotives seront considérées comme ne traînant pas de convoi, lorsque le convoi remorqué, soit de voyageurs, soit de marchandises, ne comportera pas un péage au moins égal à celui qui serait perçu sur la locomotive avec son tender marchant sans rien traîner.			
Le prix à payer pour un wagon chargé ne pourra jamais être inférieur à celui qui serait dû pour un wagon marchant à vide.			
Voitures à deux ou quatre roues, à un fond et à une seule banquette dans l'intérieur	0 15	0 10	0 25
Voitures à quatre roues, à deux fonds et à deux banquettes dans l'intérieur, omnibus, diligences, etc.	0 18	0 14	0 32
Lorsque, sur la demande des expéditeurs, les transports auront lieu			

TARIF	PRIX de péage.	PRIX de transport	PRIX Totaux
à la vitesse des trains de voyageurs, les prix ci-dessus seront doublés.			
Dans ce cas, deux personnes pourront, sans supplément de prix, voyager dans les voitures à une banquette, et trois dans les voitures à deux banquettes, omnibus, diligences, etc. Les voyageurs excédant ce nombre payeront le prix des places de 2e classe.			
Voitures de déménagement à deux ou quatre roues, à vide	0 12	0 08	0 20
Ces voitures, lorsqu'elles seront chargées, payeront en sus du prix ci-dessus, par tonne de chargement et par kilomètre. . . : .	0 08	0 06	0 14
4° SERVICE DES POMPES FUNÈBRES ET TRANSPORT DES CERCUEILS			
Grande vitesse			
Une voiture des pompes funèbres renfermant un ou plusieurs cercueils sera transportée aux mêmes prix et conditions qu'une voiture à quatre roues, à deux fonds et à deux banquettes.	0 36	0 28	0 64
Chaque cercueil confié à l'administration du chemin de fer sera transporté, pour les trains ordinaires, dans un compartiment isolé au prix de	0 18	0 12	0 30
Et, pour les trains express, dans une voiture spéciale, au prix de .	0 60	0 40	1 00

Les prix déterminés ci-dessus ne comprennent pas l'impôt dû à l'État.

Il est expressément entendu que les prix de transport ne seront dus au concessionnaire qu'autant qu'il affecterait lui-même ces transports à ses frais et par ses propres moyens ; dans le cas contraire, il n'aura droit qu'aux prix fixés pour le péage.

La perception aura lieu d'après le nombre de kilomètres parcourus. Tout kilomètre entamé sera payé comme s'il avait été parcouru en entier.

Si la distance parcourue est inférieure à *six* kilomètres, elle sera comptée pour *six* kilomètres.

Le tableau des distances entre les diverses stations sera arrêté par le préfet d'après le procès-verbal de chaînage dressé contradictoirement par le concessionnaire et le service du contrôle. Ce chaînage sera fait suivant la voie la plus courte, d'axe en axe des bâtiments des voyageurs des stations extrêmes. Les tarifs proposés d'après cette base seront soumis à l'homologation du *ministre des travaux publics* [1].

Dans aucun cas il ne pourra être perçu pour un voyageur pris ou laissé en route, un prix supérieur à celui qui a été prévu pour la distance complète qui sépare les deux stations entre lesquelles le parcours a été effectué.

Le poids de la tonne est de 1,000 kilogrammes.

Les fractions de poids ne seront comptées, tant pour la grande que pour la petite vitesse, que par centième de tonne ou par 10 kilogrammes.

Ainsi, tout poids compris entre 0 et 10 kilogrammes payera comme 10 kilogrammes; entre 10 et 20 kilogrammes, comme 20 kilogrammes, etc.

Toutefois, pour les excédents de bagages et de marchandises à grande vitesse, les coupures seront établies : 1° de 0 à 5 kilogrammes; 2° au-dessus de 5 jusqu'à 10 kilogrammes; 3° au-dessus de 10 kilogrammes, par fraction indivisible de 10 kilogrammes.

Quelle que soit la distance parcourue, le prix d'une expédition quelconque, soit en grande, soit en petite vitesse, ne pourra être inférieur à 40 *centimes*.

[1] Ou du *préfet*, si la concession émane d'un *département* ou d'une *commune*. (Art. 33 de la loi du 11 juin 1880.)

213. — *Bagages.* Art. 24. Tout voyageur dont le bagage ne pèsera pas plus de *trente* (30) kilogrammes n'aura à payer, pour le port de ce bagage, aucun supplément du prix de sa place.

Cette franchise ne s'appliquera pas aux enfants transportés gratuitement, et elle sera réduite à *vingt* (20) kilogrammes pour les enfants transportés à moitié prix.

214. — *Assimilation des classes de marchandises.* Art. 25. Les animaux, denrées, marchandises, effets et autres objets non désignés dans le tarif seront rangés, pour les droits à percevoir, dans les classes avec lesquelles ils auront le plus d'analogie, sans que jamais, sauf les exceptions formulées aux articles 26 et 27 ci-après, aucune marchandise non dénommée puisse être soumise à une taxe supérieure à celle de la première classe du tarif ci-dessus.

Les assimilations de classes pourront être provisoirement réglées par le concessionnaire ; elles seront immédiatement affichées et soumises à l'administration, qui prononcera définitivement.

215. — *Transport de masses indivisibles.* Art. 26. Les droits de péage et les prix de transport déterminés au tarif ne sont point applicables à toute masse indivisible pesant plus de *trois mille kilogrammes* (3,000 kil.)

Néanmoins, le concessionnaire ne pourra se refuser à transporter les masses indivisibles pesant de *trois mille* à *cinq mille kilogrammes* ; mais les droits de péage et les prix de transport seront augmentés de moitié.

Le concessionnaire ne pourra être contraint à transporter les masses pesant plus de *cinq mille kilogrammes* (5,000 kil.).

Si, nonobstant la disposition qui précède, le concessionnaire transporte des masses indivisibles pesant plus de *cinq mille* kilogrammes, il devra, pendant trois mois au moins, accorder les mêmes facilités à tous ceux qui en feraient la demande.

Dans ce cas, les prix de transport seront fixés par l'administration, sur la proposition du concessionnaire.

216. — *Exceptions : envois par groupes.* Art. 27. Les prix de transport déterminés au tarif ne sont point applicables :

1° Aux denrées et objets qui ne sont pas nommément énoncés dans le tarif et qui ne pèseraient pas deux cents kilogrammes sous le volume d'un mètre cube ;

2° Aux matières inflammables ou explosibles, aux animaux et objets dangereux pour lesquels des règlements de police prescriraient des précautions spéciales ;

3° Aux animaux dont la valeur déclarée excéderait 5,000 francs ;

4° A l'or et à l'argent soit en lingots, soit monnayés ou travaillés, au plaqué d'or, ou d'argent au mercure et au platine, ainsi qu'aux bijoux, dentelles, pierres précieuses, objets d'art et autres valeurs ;

5° Et, en général, à tous paquets, colis ou excédents de bagages pesant isolément *quarante* kilogrammes et au-dessous.

Toutefois, les prix de transport déterminés au tarif sont applicables à tous paquets ou colis pesant ensemble plus de quarante kilogrammes d'objets envoyés par une même personne à une même personne. Il en sera de même pour les excédents de bagages qui pèseraient ensemble ou isolément plus de quarante kilogrammes.

Le bénéfice de la disposition énoncée dans le paragraphe précédent, en ce qui concerne les paquets ou colis, ne peut être invoqué par les entrepreneurs de messageries et de roulage et autres intermédiaires de transport, à moins que les articles par eux envoyés ne soient réunis en un seul colis.

Dans les cinq cas ci-dessus spécifiés, les prix de transport seront arrêtés annuellement par le préfet, tant pour la grande que pour la petite vitesse, sur la proposition du concessionnaire.

En ce qui concerne les paquets ou colis mentionnés au paragraphe 5 ci-dessus, les prix de transport devront être calculés de telle manière qu'en aucun cas un de ces paquets ou colis ne puisse payer un prix plus élevé qu'un article de même nature pesant plus de *quarante* kilogrammes.

217. — *Abaissement des tarifs.* Art. 28. Dans le cas où le concessionnaire jugerait convenable, soit pour le parcours total, soit pour les parcours partiels de la voie de fer, d'abaisser, avec ou sans conditions, au-dessous des limites déterminées par le tarif les taxes qu'il est autorisé à percevoir, les taxes abaissées ne pourront être relevées qu'après un délai de trois mois au moins pour les voyageurs et d'un an pour les marchandises.

Toute modification de tarif proposée par le concessionnaire sera annoncée un mois d'avance par des affiches.

La perception des tarifs modifiés ne pourra avoir lieu qu'avec l'homologation du *ministre des travaux publics* [1], conformément aux dispositions de la loi du 11 juin 1880.

La perception des taxes devra se faire indistinctement et sans aucune faveur.

Tout traité particulier qui aurait pour effet d'accorder à un ou plusieurs expéditeurs une réduction sur les tarifs approuvés demeure formellement interdit.

Toutefois, cette disposition n'est pas applicable aux traités qui pourraient intervenir entre le Gouvernement et le concessionnaire dans l'intérêt des services publics, ni aux réductions ou remises qui seraient accordées par le concessionnaire aux indigents.

[1] Ou du *préfet*, si la concession n'est pas donnée par l'*État*.

En cas d'abaissement des tarifs, la réduction portera proportionnellement sur le péage et sur le transport.

218. *Délais d'expédition.* Art. 29. Le concessionnaire sera tenu d'effectuer constamment avec soin, exactitude et célérité, et sans tour de faveur, le transport des voyageurs, bestiaux, denrées, marchandise et objets quelconques qui lui seront confiés.

Les colis, bestiaux et objets quelconques seront inscrits, à la gare d'où ils partent et à la gare où ils arrivent, sur des registres spéciaux, au fur et à mesure de leur réception ; mention sera faite, sur le registre de la gare de départ, du prix total dû pour leur transport.

Pour les marchandises ayant une même destination, les expéditions auront lieu suivant l'ordre de leur inscription à la gare de départ.

Toute expédition de marchandises sera constatée, si l'expéditeur le demande, par une lettre de voiture dont un exemplaire restera aux mains du concessionnaire et l'autre aux mains de l'expéditeur. Dans le cas où l'expéditeur ne demanderait pas de lettre de voiture, le concessionnaire sera tenu de lui délivrer un récépissé qui énoncera la nature et le poids du colis, le prix total du transport et le délai dans lequel ce transport devra être effectué.

219. — *Délai de livraison.* Art. 30. Les animaux, denrées, marchandises et objets quelconques seront expédiés et livrés de gare en gare, dans les délais résultant des conditions ci-après exprimées :

1° Les animaux, denrées, marchandises et objets quelconques à grande vitesse seront expédiés par le premier train de voyageurs contenant des voitures de toutes classes et correspondant avec leur destination, pourvu qu'ils aient été présentés à l'enregistrement trois heures avant le départ de ce train.

Ils seront mis à la disposition des destinataires, à la gare, dans le délai de deux heures après l'arrivée du même train ;

2° Les animaux, denrées, marchandises et objets quelconques à petite vitesse seront expédiés dans le jour qui suivra celui de la remise.

Le maximum de durée du trajet sera fixé par le préfet, sur la proposition du concessionnaire.

Les colis seront mis à la disposition des destinataires dans le jour qui suivra celui de leur arrivée en gare.

Le délai total résultant des trois paragraphes ci-dessus sera seul obligatoire pour la compagnie.

Il pourra être établi un tarif réduit, approuvé par le *ministre des travaux publics*, pour tout expéditeur qui acceptera des délais plus longs que ceux déterminés ci-dessus pour la petite vitesse.

Pour le transport des marchandises, il pourra être établi sur la proposition du concessionnaire, un délai moyen entre ceux de la grande vitesse et de la petite vitesse. Le prix correspondant à ce délai sera un prix intermédiaire entre ceux de la grande et de la petite vitesse.

Le préfet déterminera, par des règlements spéciaux, les heures d'ouverture et de fermeture des gares et stations, tant en hiver qu'en été, ainsi que les dispositions relatives aux denrées apportées par les trains de nuit et destinées à l'approvisionnement des marchés des villes.

Lorsque la marchandise devra passer d'une ligne sur une autre sans solution de continuité, les délais de livraison et d'expédition au point de jonction seront fixés par le préfet, sur la proposition du concessionnaire.

220. — *Frais accessoires.* Art. 31. Les frais accessoires non mentionnés dans les tarifs, tels que ceux d'enregistrement, de chargement, de déchargement et de magasinage dans les gares et magasins du tramway, seront fixés annuellement par le préfet, sur la proposition du concessionnaire. Il en sera de même des frais de transbordement qui seront faits dans les gares de raccordement de la ligne concédée avec une ligne présentant une largeur de voie différente.

221. — *Camionnage*. Art. 32. Le concessionnaire sera tenu de faire, soit par lui-même, soit par un intermédiaire dont il répondra, le factage et le camionnage pour la remise au domicile des destinataires de toutes les marchandises qui lui sont confiées.

Le factage et le camionnage ne seront point obligatoires en dehors du rayon de l'octroi, non plus que pour les gares qui desserviraient soit une population agglomérée de moins 3,000 habitants, soit un centre de population de 3,000 habitants situé à plus de 5 kilomètres de la gare du tramway.

Les tarifs à percevoir seront fixés par le préfet, sur la proposition du concessionnaire. Ils seront applicables à tout le monde sans distinction.

Toutefois les expéditeurs et destinataires resteront libres de faire eux-mêmes et à leurs frais le factage et le camionnage des marchandises.

222. — *Traités particuliers*. Art. 33. A moins d'une autorisation spéciale du préfet, il est interdit au concessionnaire, conformément à l'article 14 de la loi du 15 juillet 1845, de faire directement ou indirectement avec des entreprises de transport de voyageurs ou de marchandises par terre ou par eau, sous quelque dénomination ou forme que ce puisse être, des arrangements qui ne seraient pas consentis en faveur de toutes les entreprises desservant les même voies de communication.

Le préfet, agissant en vertu de l'article 42 du règlement d'administration publique du, prescrira les mesures à prendre pour assurer la plus complète égalité entre les diverses entreprises de transport dans leurs rap ports avec le tramway.

223. — *Embranchements industriels. Tarif à percevoir pour le matériel prêté.* Art. 34. Le concessionnaire sera indemnisé de la fourniture et de l'envoi de son matériel sur les embranchements industriels desservant des carrières, des mines ou des usines, par la perception d'une redevance qui est fixée à *douze centimes* (0 fr. 12) par tonne pour le premier kilomètre, et à *quatre centimes* (0 fr. 04) par tonne et par kilomètre en sus du premier, lorsque la longueur de l'embranchement excédera un kilomètre.

Titre V. — Stipulations relatives à divers services publics.

224. — *Fonctionnaires ou agents du contrôle.* Art. 35. Les fonctionnaires ou agents chargés du contrôle et de la surveillance de la voie ferrée seront transportés gratuitement dans les voitures de voyageurs.

225. — *Service des postes.* Art. 36. Le concessionnaire sera tenu de recevoir dans ses voitures, aux heures des départs réguliers, les sacs de dépêches de la poste escortés ou non d'un convoyeur. Les sacs seront déposés dans un coffre fermant à clef. Le convoyeur aura droit à une place réservée aussi près que possible de ce coffre.

L'administration des postes aura, en outre, le droi de fixer aux voitures de l'entreprise une boîte aux lettres, dont elle fera opérer la pose et la levée par ses agents.

Les prix des transports ci-dessus seront payés par l'administration des postes, conformément aux tarifs homologués, sauf dans le cas où l'État se serait engagé à fournir au concessionnaire une subvention par annuités. Dans ce cas, les sacs de dépêches et le convoyeur devront être transportés gratuitement.

Le concessionnaire pourra être tenu de fixer, d'après les convenances du service des postes, l'heure d'un de ses départs dans chaque sens.

Le montant des dépenses supplémentaires de toute nature que ce service spécial aura imposées au concessionnaire, déduction faite du produit qu'il aura pu en retirer, lui sera payé par l'administration des postes, que l'entreprise soit subventionnée ou non par le Trésor, suivant le règlement qui en sera fait de gré à gré ou par deux arbitres. En cas de désaccord de ces arbitres, un tiers arbitre sera désigné par le conseil de préfecture.

Titre VI. — Clauses diverses.

226. — *Frais de contrôle.* Art. 37. La somme que le concessionnaire doit verser chaque année à la date du , afin de pourvoir aux frais du contrôle, sera calculée d'après le chiffre de par kilomètre de voie concédée.

Le premier versement aura lieu le à la caisse du

227. — *Cautionnement.* Art. 38. Avant la signature de l'acte de concession, le concessionnaire déposera à la caisse des dépôts et consignations une somme de en numéraire ou en rente sur l'État calculée conformément au décret du 31 janvier 1872 ou en bons du Trésor, avec transfert, au profit de ladite caisse, de celles de ces valeurs qui seraient nominatives ou à ordre.

Cette somme formera le cautionnement de l'entreprise.

Les *quatre cinquièmes* en seront rendus au concessionnaire par *cinquième* et proportionnellement à l'avancement des travaux. Le dernier *cinquième* ne sera remboursé qu'après l'expiration de la concession.

228. — *Élection de domicile.* Art. 39. Le concessionnaire devra faire élection de domicile à

Dans le cas où il ne l'aurait pas fait, toute notification ou signification à lui adressée sera valable, lorsqu'elle sera faite au *secrétariat général de la préfecture de* [1].

Art. 40. Les contestations qui s'élèveraient entre le concessionnaire et l'administration au sujet de l'exécution et de l'interprétation des clauses du présent cahier des charges seront jugés administrativement par le conseil de préfecture du département d , sauf recours au conseil d'État.

229. — *Frais d'enregistrement.* Art. 41. Les frais d'enregistrement du présent cahier des charges et de la convention ci-annexée seront supportées par le concessionnaire.

DÉCRET DU 20 MARS 1882

Titre V. — Combinaisons financières.

230. — *Capital de premier établissement.* Art. 1. Le capital de premier établissement qui doit servir de base

[1] Ou au *secrétariat de la mairie de*

pour l'application des art. 13 et 36 de la loi du 11 juin 1880, est fixé dans les conditions ci-après et dans les limites du maximum prévu par les actes de concession, à moins qu'il n'ait été fixé à forfait par une stipulation expresse. Ce capital comprend toutes les sommes que le concessionnaire justifie avoir dépensé dans un but d'utilité pour l'exécution de travaux de construction proprement dits, l'achat du matériel fixé et d'exploitation, le parachèvement de la ligne après sa mise en exploitation, la constitution du capital actions, l'émission des obligations, les intérêts des capitaux engagés pendant la période assignée à la construction par l'acte de concession ou jusqu'à la mise en exploitation, si elle a lieu avant le délai fixé. Il peut être augmenté, s'il y a lieu, des insuffisances de recettes résultant de l'exploitation partielle des sections qui seraient ouvertes pendant ladite période d'exécution. Les dépenses relatives à la constitution du capital actions et à l'émission des obligations ne sont admises en compte que jusqu'à concurrence d'un maximum spécialement stipulé dans l'acte de concession.

231. — *Remise des comptes des dépenses de premier établissement.* Art. 2. Tout concessionnaire de chemin de fer d'intérêt local ou de tramway subventionné, doit remettre au préfet du département, dans un délai de quatre mois, à partir du jour de la mise en exploitation de la ligne entière, le compte détaillé des dépenses de premier établissement qu'il a faites jusqu'à ce jour. Il présente avant le 31 mars de chaque année, un compte supplémentaire de celles qu'il peut être autorisé à ne faire qu'après la mise en exploitation pour le parachèvement de la ligne ; mais, en tout cas, le compte de premier établissement doit être clos quatre ans au plus tard après la mise en exploitation de la ligne entière. Dans le cas où l'acte de concession a prévu que le capital de premier établissement pourrait être successivement augmenté, jusqu'à concurrence d'une somme déterminée et pendant un certain délai, pour travaux complémentaires, tels que : agrandissements de gares, augmentation du matériel roulant, pose de secondes voies ou de voies de garage, le concessionnaire doit, chaque année, avant le 31 mars, présenter un compte détaillé des dépenses qu'il a ainsi faites pendant l'année précédente, en vertu d'une autorisation spéciale et préalable donnée par le ministre des travaux publics, quand l'État a consenti à garantir ce capital complémentaire, et par le préfet dans les autres cas.

232. — *Comptes des frais d'exploitation et d'entretien.* Art. 3. Avant le 31 mars de chaque année, le concessionnaire remet au préfet du département un compte détaillé, établi d'après ses registres et comprenant pour l'année précédente : 1° Les produits bruts de toute nature de l'exploitation. 2° Les frais d'entretien et d'exploitation, à moins que ces frais n'aient été déterminés à forfait par l'acte de concession ou par un acte postérieur. Le compte d'entretien et d'exploitation ne peut comprendre aucune dépense d'établissement ni aucune dépense pour augmentation de matériel roulant.

233. — *Justification des comptes.* Art. 4. Le ministre des travaux publics détermine, après avoir pris l'avis du ministre des finances, les justifications que le concessionnaire doit produire à l'appui de ces différents comptes, dont les développements par articles sont présentés conformément aux modèles arrêtés par lui.

234. *Commission d'examen des comptes.* Art. 5. Les comptes ainsi produits par le concessionnaire sont soumis à l'examen d'une commission instituée par le ministre des travaux publics et composée ainsi qu'il suit :

Le préfet ou le secrétaire général délégué, président ;

un membre du conseil général du département ou du conseil municipal si la concession émane d'une commune, ledit membre désigné par le conseil auquel il appartient; un ingénieur des ponts et chaussées ou des mines, désigné par le ministre des travaux publics ; un fonctionnaire de l'administration des finances, désigné par le ministre des finances. La commission désigne elle-même son secrétaire ; s'il est pris en dehors de son sein, il n'a que voix consultative. Le président a voie prépondérante en cas de partage.

Dans le cas où la ligne s'étend sur plusieurs départements, il est institué une commission spéciale pour chaque département. Ces commissions peuvent se réunir et délibérer en commun si la concession a été faite conjointement par les conseils généraux de ces départements, par application des articles 89 et 90 de la loi du 10 août 1870 ; la présidence appartient au préfet du département que la ligne traverse dans la plus grande longueur.

235. — *Pouvoirs de la commission pour la vérification des comptes.* — Art. 6. Le concessionnaire est tenu de représenter les registres, pièces comptables, correspondances et tous autres documents que la commission juge nécessaires à la vérification des comptes. La commission peut se transporter au besoin, par elle-même ou par ses délégués, soit au siége de l'entreprise, soit dans les gares, stations ou bureaux de la ligne.

236. — *Approbation des comptes.* Art. 7. La commission adresse sur rapport, avec les comptes et les pièces justificatives, au ministre des travaux publics, qui les examine après les avoir communiqués au ministre des finances. Si cet examen ne révèle pas de difficultés ou si les modifications jugées nécessaires sont acceptées par le ministre des finances, le département, les communes et le concessionnaire, le ministre des travaux publics arrête définitivement le capital de premier établissement qui doit servir de base pour l'application des articles 13 et 36 de la loi du 11 juin 1880. Il est procédé de la même manière pour arrêter annuellement le chiffre de la subvention due par l'État, le département ou les communes et, lorsqu'il y a lieu, la part revenant à l'État, au département, aux communes ou aux intéressés, à titre de remboursement de leurs avances, sur le produit net de l'exploitation.

237. — *Contestations au sujet des comptes.* Art. 8. Lorsqu'il n'y a pas accord entre l'État, le département ou la commune et le concessionnaire, les comptes sont soumis, avec toutes les pièces à l'appui, à une commission supérieure instituée par le ministre des travaux publics et composée d'un conseiller d'État président, et de six membres, dont trois au choix du ministre des finances. Un ou plusieurs secrétaires sont attachés à la commission par arrêté du ministre des travaux publics; ils ont voix délibérative dans les affaires dont ils sont rapporteurs. Le président a voix prépondérente en cas de partage. La commission adresse son rapport au ministre des travaux publics, qui statue après avoir pris l'avis du ministre des finances, sauf recours au conseil d'État par la voie contentieuse.

238. — *Avances demandées par la compagnie concessionnaire.* Art. 9. En présentant son compte annuel, le concessionnaire peut demander une avance sur la somme qui lui sera due à titre de subvention. Le montant de l'avance est déterminé par le ministre des travaux publics, sur le rapport de la commission locale, après communication au ministre des finances. Dans le cas où le règlement définitif des comptes de l'exercice ferait reconnaître que cette avance a été trop considérable, le concessionnaire devra rembourser immédiatement l'excédant au trésor, au département ou à la commune avec les intérêts à 4 % par an.

239. — *Contrôle de l'inspection des finances sur la comptabilité.* Art. 10. La comptabilité de tout concessionnaire subventionné est soumise à la vérification de l'inspection générale des finances, qui a, pour l'accomplissement de cette mission, tous les droits dévolus aux commissions de contrôle par l'art. 6 du présent décret.

240. — *Examen et règlement des comptes quand l'état n'a accordé aucune subvention.* Art. 11. Dans le cas où l'État n'a pris aucun engagement et où l'entreprise de chemin de fer ou de tramway est subventionnée seulement par un département ou par une commune, il est procédé à l'examen et au règlement des comptes dans les mêmes formes ; mais les attributions conférées au ministre des travaux publics par les articles 4, 5, 7, et 9 sont exercées par le préfet, sans qu'il soit besoin de consulter le ministre des finances. Lorsqu'une des parties conteste le compte arrêté par le préfet, l'article 8 est applicable.

241. *Subventions en terrains ou travaux.* Art. 12. Si la subvention est donnée par le département ou la commune en capital, en terrains, en travaux ou sous toute autre forme que celle d'annuités, elle est évaluée transformée en annuités aux taux de 4 p. 100, pour l'application des articles 14 et 36 de la loi, aux termes desquels l'État ne peut subvenir pour partie aux insuffisances annuelles qu'à la condition qu'une partie au moins équivalente sera payée par le département ou la commune.

242. — *Subvention pour l'année de la mise en exploitation.* Art. 13. La subvention à allouer pour l'année de la mise en exploitation de la ligne sera calculée, d'après les bases indiquées dans les articles 13 et 36 de la loi sus-visée, au prorata du temps écoulé depuis le jour de l'ouverture de la ligne jusqu'au 31 décembre suivant : Chaque loi ou décret par lequel l'État s'engage à subventionner un chemin de fer d'intérêt local ou un tramway fixe le maximum de la charge annuelle qui peut résulter pour le trésor de l'application des articles 13 ou 36 de la loi sus-visée, de manière que le montant réuni de ces maxima ne dépasse, en aucun cas, la somme de 400,000 fr. fixée par l'article 14 pour l'ensemble des lignes situées dans un même département.

FIN

TABLE

Décret du 9 août 1881

CAHIER DES CHARGES TYPE, POUR LA CONCESSION DES CHEMINS DE FER D'INTÉRÊT LOCAL.

CAHIER DES CHARGES TYPE POUR LA CONCESSION DES TRAMWAYS.

Décret du 20 mars 1882

FIN DE LA TABLE

Imprimerie de DESTENAY, à Saint-Amand (Cher.)

PETITE ENCYCLOPÉDIE JURIDIQUE

I. **Code des Théâtres**, contenant un exposé des principes juridiques, le texte des principaux décrets, circulaires et réglements, par Ch. CONSTANT, avocat à la cour de Paris, 2e édition, 1882. 1 vol. in-12. 3 fr. 50

II et III. **Code de la chasse et de la louveterie**, par P. LEBLOND, avocat à Rouen. 1878, 2 vol. in-12. 6 fr. »

IV et V. **Code municipal ou manuel des conseillers municipaux**, par Ambroise RENDU, avocat à la Cour de Paris, 1879, 2 vol. in-12. 6 fr. »

VI. **Code de l'officier de l'état civil** ou les actes de l'État civil considérés dans leurs motifs, leur caractère et leur forme, avec tables et formules, par A. ADDENET, ex-procureur. 1879, 1 vol. in-12. 3 fr. 50

VII. **Code des propriétaires de bois et forêts**, locataires de chasses; de leur responsabilité par suite des dégâts causés par le gros et le petit gibier; par M. FRÉMY, juge-suppléant à Senlis, 1879, 1 vol. in-12. 2 fr. »

VIII. XI. XII. **Codes de la propriété industrielle.** Manuels pratiques des législ. franç. et étrang. à l'usage des inventeurs et des fabricants, par Ambroise RENDU.

I. — Brevets d'invention. 1879, 1. vol. in-12. 3 fr. 50

II. — Contrefaçon des inventions brevetées, 1880, 1 vol. in-12. 3 fr. 50

III. — Marques de fabrique. 1880, 1 vol. in-12. 3 fr. 50

IX et X. **Code départemental ou manuel des Conseillers généraux et d'arrondissement** par Ch. CONSTANT, avocat à la Cour de Paris. 1880, 2 v. in-12. 7 fr. »

XIII et XIV **Code des Réglements d'Ordres**, soit amiables, soit judiciaires, et des collocations des créanciers, par A. Ulry, Juge à Guéret. 1881, 2 vol. in-12. 7 fr. »

XV. **Codes des réunions publiques, électorales et privées**, par Ch. CONSTANT, avocat à la cour de Paris 1881. 1 vol. in-12. 2 fr. »

XVI. **Code des établissements industriels, dangereux, insalubres et incommodes**, par Ch. CONSTANT, avocat à la Cour de Paris, 1881. 1. vol. in-12 3 fr. 50

XVII. **Code des juges de Paix**, considérés, comme officiers de police judiciaire, par M. A. SCOHYERS; juge de paix du canton de Courville, 1881. 1 vol. in-12. 2 fr. »

XVIII. XIX. **Code rural**, régime du sol, police rurale, régime des eaux, etc.; par P. DE CROOS, avocat à Béthune, 1882, 2 vol. in-12. 7 fr. »

XX. **Code électoral.** De la formation et de la révision annuelle des listes électorales, etc.; par E. GREFFIER, conseiller à la Cour de cassation, 1882, 1 vol. in-12. 3 fr. 50

XXI. XXII. **Code des chemins vicinaux et des routes départementales**, par A. Gisclard, avocat à Périgueux, 1882, 2 vol. in-12. 7 fr. »

XXIV. **Code de la presse**, par BAZILLE, avocat à la Cour de cassation, et CH. CONSTANT, avocat à la Cour de Paris. 1882, 1 vol. in-12. 4 fr. »

Imp. DESTENAY, St-Amand.

www.ingramcontent.com/pod-product-compliance
Ingram Content Group UK Ltd.
Pitfield, Milton Keynes, MK11 3LW, UK
UKHW022103190726
13855UKWH00002B/605